Petra Schaper Rinkel

Fünf Prinzipien für die Utopien von Morgen

Wiener Vorlesungen

Band 196

Herausgegeben für Stadt Wien Kultur

von Daniel Löcker

Jahrespublikation 2019

Petra Schaper Rinkel

Fünf Prinzipien für die Utopien von Morgen

Picus Verlag Wien

MIX
Papier aus verantwortungsvollen Quellen
FSC® C012536

Gedruckt nach der Richtlinie des
Österreichischen Umweltzeichens
„Druckerzeugnisse“,
Christian Theiss GmbH, Nr. 869

Grafische Gestaltung: Dorothea Löcker, Wien
Druck und Verarbeitung:
Christian Theiss GmbH, St. Stefan im Lavanttal
ISBN 978-3-7117-3016-9

Informationen zu den Wiener Vorlesungen unter
www.wienervorlesungen.at

Informationen über das aktuelle Programm
des Picus Verlags und Veranstaltungen unter
www.picus.at

Die Wiener Vorlesungen

Vor mehr als dreißig Jahren wurde ein ebenso unverwechselbares wie hochkarätiges Wissenschaftsformat ins Leben gerufen: die Wiener Vorlesungen. Fächerübergreifend setzen sie sich mit den großen wissenschaftlichen und intellektuellen Fragen unserer Zeit auseinander und bereichern so den Kulturkalender der Stadt Wien um einen wichtigen Erkenntnisraum.

Als Forschungsstandort und Universitätsstadt hat Wien eine Spitzenposition im mitteleuropäischen Raum inne und sieht es auch in ihrer Verantwortung, Impulsgeberin für aktuelle und zukunftsrelevante Fragestellungen zu sein. Die gesellschaftspolitische Relevanz von Wissenschaft steht dabei außer Frage: Bildung und Wissen sind wesentliche Grundlagen für ein selbstbestimmtes Leben und für eine funktionierende demokratische Zivilgesellschaft. Als ein sich ständig weiterentwickelndes Projekt der Aufklärung waren und sind die Wiener Vorlesungen »geistiger Initialzünder« für einen offenen und öffentlichen Diskurs, der nicht nur innerhalb wissenschaftlicher Zirkel geführt wird, sondern ein breites Publikum als Beitrag für eine offene Gesellschaft erreicht.

Auch nach drei Jahrzehnten geben die Wiener Vorlesungen Anstöße für Kontroversen und behandeln jene Themen, die für die Stadt und ihre Bewohnerinnen und Bewohner besonders relevant sind. Ein an Fakten und Informationen übersättigter Raum, die oft rasche Folge wissenschaftlicher Erkenntnisse und die mitunter damit einhergehenden Problematiken verlangen einen stärkeren öffentlichen Diskurs über die Voraussetzungen und Folgen von Forschung. Hier bietet das lebendige und innovative Veranstaltungsformat der Wiener Vorlesungen ein Navigationssystem und fungiert als »Informationskatalysator« für neue Erkenntnisse aus zeitgenössischen Forschungswerkstätten und Labors. Es kann dazu beitragen, Dimensionen abzuschätzen, Fragen zu bewerten und Entscheidungen zu treffen. Und vielleicht auch zum richtigen Handeln in unübersichtlichen Zeiten zu kommen.

Die Wiener Vorlesungen werden künftig insbesondere Wissenschaftlerinnen noch stärker einbeziehen. Der weiblichen Stimme der Forschung Gehör zu verschaffen, ist bedauerlicherweise nach wie vor keine Selbstverständlichkeit. Wir arbeiten daran, auch in diesem Bereich Vorurteile abzubauen.

Die Schauplätze der Wiener Vorlesungen sind vielfältig wie das Programm selbst: Sie verwandeln das Rathaus in eine temporäre offene Stadtuniversität ebenso wie sie eine Vielzahl anderer Orte in vielen Bezirken der Stadt zu Stätten der Bildung und des aktiven Austauschs transformieren.

Im Fokus der Wiener Vorlesungen steht mehr denn je die Kommunikation mit einem offenen und neugierigen Publikum. Es werden daher prominente Denkerinnen und Denker im Sinne einer zeitgemäßen Wissenschaftsvermittlung eingeladen, ihre Erkenntnisse und Einsichten mit der Bevölkerung zu teilen und einen offenen Dialog zu führen. Dazu ist kein Studium nötig, das ideale Publikum hat kein Alter, keine Titel, aber eine große Wachheit und eine unbändige Neugier auf das Neue, das Unbekannte und brennende gesellschaftliche Fragen.

So bieten die Wiener Vorlesungen einen faszinierenden Einblick in die Werkstatt der Wissenschaft, der die Vielfalt des Gesellschafts- und Geisteslebens unserer Zeit widerspiegelt und den Blick für die Differenziertheit und Diversität der Gegenwart schärft.

Veronica Kaup-Hasler
Stadträtin für Kultur und Wissenschaft

Vorwort

Das Jahresthema der Wiener Vorlesungen 2019 frei nach dem Motto »Wien 2050« war den Möglichkeiten, Chancen und Herausforderungen, die uns in den nächsten Jahrzehnten erwarten können, und dem vorstellbaren Wandel von Arbeits- und Lebenswelten gewidmet, die diese utopischen, aber auch dystopischen Möglichkeitsräume eröffnen. Dabei wurde deutlich, wie wichtig es ist, sich nicht nur mit wissenschaftlichen Erkenntnissen, sondern auch mit ihrer sinnvollen Vermittlung zu befassen. Die Stadt Wien als eine der führenden Universitätsstädte Europas, als größte im deutschen Sprachraum, aber auch mit ihren zahlreichen außeruniversitären Forschungseinrichtungen spielt dabei eine gewichtige Rolle. Einer der Förderungsschwerpunkte ist daher derzeit auch die Wissenschaftsvermittlung. Einzelne Initiativen betreiben interaktiv, kostenlos und zunehmend über die verschiedenen Wiener Bezirke verteilt eine wertvolle Vermittlungstätigkeit, insbesondere für die jüngere Generation. Auch die Wiener Vorlesungen und das Wissenschaftsreferat der Stadt Wien leisten einen verantwortungsvollen Beitrag dazu, Wissenschaft für neue Zielgruppen zu öffnen.

Im Rahmen des Jahresthemas »Utopie und Dystopie« wurde ein umfassender Bogen von heute noch utopisch anmutenden Ideen der Lebensführung bis zu den Möglichkeiten und Gefahren der genetischen Forschung gespannt, von der Frage nach einer digitalen Ethik und nachhaltigen Wirtschaftsmodellen in Anbetracht des Klimawandels bis zur literarischen Denkform der Utopie. Was wird, was soll uns künftig erwarten?

Die vorliegende Publikation greift einige dieser Fragen noch einmal auf und arbeitet die Wichtigkeit und die Prämissen heraus, Utopien als ernst gemeinte Gedankenexperimente zu verstehen.

Was hat uns nun die intensive Auseinandersetzung mit Aspekten zum Thema aus unterschiedlichsten Perspektiven gebracht? Es ist vielleicht die Erkenntnis, dass es die eine große, alles verändernde Utopie, auf die wir hinarbeiten und die die Lösung aller Probleme verspricht, nicht gibt. Von dieser Idee müssen wir uns wohl verabschieden. Diese Vorstellung verhindert ohnehin nur, dass wir selbst aktiv werden müssen. Aber wenn wir davon ausgehen, dass jeder und jede Einzelne von uns mit den individuellen Handlungsräumen, die uns zur Verfügung stehen, jeden Tag für ein heute vielleicht noch utopisch anmutendes Morgen eintreten können, sehen die Dinge anders aus. Viele kleine gute Ideen, zahlreiche zukunftsweisende Aktionen machen den Unterschied. Und dies auch vor dem Hintergrund eines »magischen Dreiecks«, das unsere Zukunft bestimmen wird: Klimawandel, Digitalisierung und soziale Nachhaltigkeit; ein Spannungsfeld, das Christoph Thun-Hohenstein im Katalog zur Vienna Biennale for Change 2019 beschreibt: Klimawandel und die damit verbundenen Maßnahmen des Menschen, den Planeten zu schützen, Digitalisierung als Motor gesellschaftlicher Veränderung und die Frage nach einer sozialen Nachhaltigkeit, einem gelungenen Zusammenleben in völlig neuen Arbeits- und Lebenswelten, einer notwendigen radikalen Umkehr auch beim Thema Klimaschutz. Alle drei Themenkreise beeinflussen einander wechselseitig, unsere Zukunft scheint davon abzuhängen, künstliche Intelligenz positiv zu nutzen und die aufgehende Schere zwischen der ökologischen und der sozialen Nachhaltigkeit in den Griff zu bekommen.

Dafür braucht es die Bereitschaft, sich einzumischen und mitzugestalten, Verantwortung übernehmen und einen Beitrag leisten zu wollen. Mit der Orientierung nach vorne wird Zukunft veränder- und machbar. »›Echte Zukunft‹ ist ein Prozess des Gestaltens und erfordert gestaltendes Handeln«, wie Petra Schaper Rinkel im vorliegenden Band schreibt. Von Menschen, die im Zentrum stehen, auch in Anbetracht eines mitunter uns selbst zu überholen scheinenden technischen Fortschritts, im Sinne einer gerechten und demokratischen Gesellschaftsordnung, den Werten von Aufklärung und Humanismus verpflichtet.

Daniel Löcker

Vorbemerkung

Ich danke der Wissenschafts- und Forschungsförderung der Kulturabteilung der Stadt Wien (MA 7), deren Förderung dieses Buch ermöglicht hat. Es ist ein Ergebnis des Projekts »Wiener Utopien & das utopische Wien« (http://utopien.wien), in dessen Rahmen wir uns intensiv mit Utopien auseinandersetzen konnten und mit vielen klugen Wienerinnen und Wienern Interviews zum utopischen Denken heute geführt haben, von denen einige im Folgenden auch zu Wort kommen.[1] Und dieses Buch wäre nicht entstanden ohne Dorothee Frank, von deren grandioser Ö1-Radiokolleg-Serie »Glanz und Elend der Utopien« ich Teil sein durfte; die mich damit wieder zu dem Thema Utopien zurückgebracht hat und diesen Text durch intensives Feedback sehr bereichert hat. Und ich danke Dana Wasserbacher, Georg Schöllhammer und Barbara Streicher, die mir als utopistische Mitdenkerinnen im Projekt »Wiener Utopien« vielfältige Anregungen gegeben haben.

Petra Schaper Rinkel

1 Die Interviews wurden von Dorothee Frank unter Teilnahme wechselnder UtopistInnen & MitdenkerInnen des Projekts geführt.

Fünf Prinzipien für die Utopien von Morgen

Einleitung

Das Thema Utopien befindet sich im Aufschwung. Die Aktualität der Utopie ist offenkundig: Mit den spürbaren gesellschaftlichen Umbrüchen im Kontext von Digitalisierung, Automatisierung und Klimawandel stellt sich die Frage nach einer Zukunft, die sich von der Gegenwart fundamental unterscheiden könnte. In den frühen achtziger Jahren proklamierte Margaret Thatcher als eiserne Lady des Neoliberalismus: »There is no alternative.« Netze sozialer Sicherheit waren unter konservativ-neoliberaler Herrschaft schnell ruiniert, das Tafelsilber öffentlicher Infrastrukturen schnell privatisiert und der politischen Gestaltung fortan entzogen; doch schon Anfang der zweitausender Jahre hieß das Motto des Weltsozialforums: »Another world is possible.« Wie kann diese andere Welt aussehen? In gängigen Bildern der Zukunft sind die Hochhausstädte begrünt und die Fabriken menschenleer. Die Zukunft erscheint als feststehende Welt, auf die hin es sich selbst zu entwerfen gilt. Doch »echte Zukunft«[2] ist ein Prozess

2 Für Ernst Bloch ist die echte Zukunft auf umfassende Veränderung ausgerichtet. Ernst Bloch 1980. Abschied von der Utopie? Vorträge. Frankfurt am Main, Suhrkamp.

des Gestaltens und dieses erfordert politisches Handeln. Und Handeln hin auf die gemeinsame Welt (und nicht den individuellen Schrebergarten) braucht Praxen, sich über mögliche Zukünfte und wie sie gestaltbar sind zu verständigen. Politische Utopien sind seit über fünfhundert Jahren das Medium für diese Verständigung: Erzählungen davon, wie Menschen in diesen hypothetischen Welten ganz konkret anders leben, lieben, wohnen, essen, arbeiten und Politik machen.

Heute wird weltweit ein ungeheurer Reichtum erzeugt: Der materielle Überfluss, der in weiten Teilen Europas und auf den Reichtumsinseln der Schwellenländer Alltag geworden ist, stellt alles in den Schatten, was in den Utopien der Vergangenheit vorstellbar war. Die fantastischen Technologien – mit der Automatisierung von fast allem – ebenfalls. Trotz des globalen Überflusses haben Hunderte Millionen Mädchen und Jungen keinen Zugang zu Bildung und keine ausreichende medizinische Versorgung. Ihre absolute ökonomische Abhängigkeit bedeutet Sklaverei; Menschenrechte gelten in weiten Teilen der Welt nicht. Damit stellen sich die gleichen Fragen, die die Utopien der Vergangenheit gestellt haben: Wie kann Freiheit und eine gerechte Verteilung von materiellen Gütern, von Bildung und Arbeit erreicht werden? Und wie können Institutionen aufgebaut sein, die Freiheit und ein gerechtes Zusammenleben ermöglichen? Auch wenn die Fragen denen der Vergangenheit ähneln, müssen die

Antworten andere sein: Die Mechanismen der Produktion von Gewalt, Ungleichheit und Ungerechtigkeit haben sich verändert. Die globale Verallgemeinerung eines materiell verschwenderischen Lebens ist als hegemoniales Entwicklungsmodell mit dem Klimawandel an dessen Grenzen gekommen; und die hohen Ansprüche an individuelle Freiheit sind unhintergehbar. Heute geht es darum, mit der Beschleunigung und Globalisierung des technologischen und kulturellen Wandels adäquate Formen für demokratische Prozesse und Institutionen zu (er-)finden, um innerhalb der planetaren Grenzen der Erde zu wirtschaften, zugleich der Heterogenität individueller und kollektiver Wünsche gerecht zu werden und dabei in Freiheit handeln zu können[3]. Mit dieser Herkulesaufgabe steht nach Ansicht des Politikwissenschaftlers Elmar Altvater »nicht weniger als die Transformation des Gesamtzusammenhangs von Natur und Gesellschaft des Planeten Erde auf der Agenda«.[4]

Historische Utopien sind als starre Modelle und Handlungsanleitungen und damit als autoritäre Konzep-

3 Dieses Handeln in Freiheit ist das zentrale Ergebnis der Revolutionen, wie Hannah Arendt in ihrem Essay »Die Freiheit, frei zu sein« aus dem Jahr 1967 ausführt, der 2018 erstmals in deutscher Übersetzung erschien und gleich ein (Spiegel-)Bestseller wurde: Hannah Arendt 2018. Die Freiheit, frei zu sein. München, Deutscher Taschenbuch Verlag.

4 Elmar Altvater 2017. »Kapitalozän. Der Kapitalismus schreibt Erdgeschichte«. In: Luxemburg (2/3): 108–117, S. 117.

te mit totalitärer Tendenz kritisiert worden, woraufhin sie als Medium der gesellschaftlichen Auseinandersetzung über eine bessere Welt in Bausch und Bogen in der diskursiven Versenkung verschwunden sind. Die richtige und wichtige Kritik der autoritären Staatszentriertheit vieler historischer Utopien verkennt allerdings: Utopien müssen nicht als Handlungsanleitungen gelesen werden. Utopien sind vielmehr Gedankenexperimente, die sichtbar machen, welche neue Rationalitäten (als jeweils vernünftige Ordnungen, die die handlungsleitenden Prinzipien organisieren) welche Konsequenzen haben würden. Utopien sind als Beschreibungen eines Alltags entworfen, in dem ein Konzept bereits umgesetzt ist, und erfordern damit die Antizipation einer Zukunft, in der das abstrakte Programm zur Lebenspraxis geworden ist. Utopien drücken den Veränderungswillen aus und repräsentieren dabei das Problembewusstsein dem gegenüber, was im jeweiligen historischen Moment fundamental Freiheit und Gleichheit bedroht.

Daraus folgt: Utopien sollten ernst gemeint sein. Als theoretische Praxis des Politischen brauchen wir das utopische Denken – ohne dass wir wissen, wie es in der Zukunft aussehen könnte, um wieder wirkmächtig zu werden. Das Folgende ist ein Gedankenexperiment über die politischen Utopien, die es noch nicht gibt. Dabei stellt sich erst einmal die Frage: Was ist keine Utopie? Die ausschließliche Nutzung von elektromobilen Autos in Wien oder eine angemessen hohe Besteuerung von globalen Internetkonzernen mag momentan utopisch erscheinen, wäre aber ohne große gesellschaftliche Veränderungen machbar und somit keine Utopie im Sinne einer Gesellschaft, die nach neuen Prämissen organisiert ist. Die Utopie markiert den Ort des Umstrittenen: Politische Utopien kritisieren zeitgenössische Herrschaftsverhältnisse, indem sie diesen eine rationale Alternative entgegensetzen. Zugleich reflektieren die Autorinnen[5] in ihren Gegenentwürfen das utopische Denken ihrer Vorgänger.[6] Utopien transformieren ihre Gesellschaftskritik in imaginäre Gesellschaften, die einer fundamental anderen Rationalität folgen; anders verhält es sich mit den programmatischen Schriften, diese nutzen vielfach den Nimbus des Utopischen[7], ohne ernst zu nehmen, dass klassische politische Utopien methodisch durch ihre

5 Wenn wie hier von Vorgängerinnen die Rede ist, werde ich auch im Folgenden zur Bezeichnung von Akteuren potenziell unterschiedlichen Geschlechts in zufälligem Wechsel die weibliche oder die männliche Form verwenden. Das je andere Geschlecht und alle weiteren sind mitgemeint.

6 Diese doppelte Reflexion in den politischen Utopien von der frühen Neuzeit bis in die siebziger Jahre des 20. Jahrhunderts zeigt Richard Saage in seinen vier Bänden »Utopische Profile« auf. Richard Saage 2002/2003. Münster et al., LIT.

7 So zum Beispiel bei Harald Welzer, der in seinem alltagssprachlichen Plädoyer viele Prinzipien anspricht, ohne dass diese in ihrem Zusammenspiel gezeigt werden: Harald Welzer 2019. Alles könnte anders sein. Eine Gesellschaftsutopie für freie Menschen. Frankfurt am Main, S. Fischer.

Form gezwungen sind, das Funktionieren in Alltag und Politik als eine alternative Gegenwart zu beschreiben; also konsistent darzulegen, wie denn die Welt aussehen wird, wenn die Forderungen umgesetzt wären.

Utopien sind heute mit zukünftigen Gesellschaften assoziiert, obwohl das heutige Zukunftsdenken gerade kein utopisches Denken ist; vielmehr gefangen ist in einer hyperkapitalistisch beschleunigten Gegenwart, die jegliche Zukunft aufzufressen scheint. Die Antizipation der Zukunft im heutigen Zeitalter des immer interaktiv-strategischen Denkens hält die Zukunft in der verewigten Gegenwart gefangen. Angestellte, Dienstleistende, prekär Kulturschaffende und auch das neofeudale Bürgertum[8]: Alle sind angehalten, unentwegt strategisch zu planen, um sich auf das Kommende vorzubereiten. Es geht nicht mehr um die Gestaltung der verhandelbaren Zukunft, vielmehr um die Anpassung an eine vorkonfigurierte Zukunft, in der weiter verschärfte Konkurrenz, steigender Wachstumszwang und sinkende Chancengleichheit als Rahmen antizipiert werden. Damit ist die Zukunft in einem permanenten Paradox gefangen: Im Kontext von Wachstum und Wettbewerbsfähigkeit sind alle – Menschen, Unternehmen, Städte, Staaten und Staatengemeinschaften – gefordert, einem weitgehend unerreichbaren Ziel zu folgen: Jedes Individuum, jede Organisation, jedes

8 Christoph Bartmann 2016. Die Rückkehr der Diener: Das neue Bürgertum und sein Personal. München, Hanser.

Unternehmen und jeder Staat soll ein exzellenter Sieger sein. Im Moment sollen alle unter den raren Siegern der Digitalisierung sein, sollen die Nummer eins in der Entwicklung von künstlicher Intelligenz sein, sollen die wettbewerbsfähigsten Menschen und Unternehmen anziehen. Alle wissen zugleich, dass fast alle in diesem Wettkampf um relationale Güter die Verlierer sein müssen. In diesem Rennen wird die Freiheit der politisch handelnden Bürgerinnen auf die Freiheit der Wahl als Konsument und Wählerin reduziert.

Wenn Wachstum und Wettbewerb nicht mehr dazu dienen, ein besseres Leben für alle oder viele zu erreichen, sondern zum Ziel an sich werden, das als unhintergehbar erscheint, um auch nur den schlechten Status quo zu sichern – dann ändert sich auch die Sicht der Zukunft: Es erscheint unmöglich, eine verallgemeinerbar bessere Welt zu erreichen; vielmehr geht es nur mehr um die Abwehr einer noch schlimmeren Zukunft. Wenn die Zukunft von der utopischen Hoffnung zum dystopischen Schrecken wird, dann wird die Vergangenheit zur Pseudo-Utopie, zur Retrotopie, wie sie Zygmunt Bauman charakterisiert hat.[9] Zudem erscheint die zukünftige Gegenwart so starr festgelegt, wie es den alten Utopien oft vorgeworfen wird. Das vermeintliche Zwangsmodell Utopie ist diskursiv ersetzt durch das tatsächliche Zwangsmodell einer un-

9 Zygmunt Bauman 2017. Retrotopia. Cambridge, Polity Press.

veränderbar verlängerten Gegenwart. Alle sollen besonders sein, sollen unentwegt viel bewegen (»make a difference«) – doch ist es schon logisch unmöglich, dass alle zu Ausnahmemenschen werden, die in Ausnahmeunternehmen arbeiten und in Ausnahmestaaten leben. Ist also die tatsächliche Anmaßung eben nicht das utopische Gedankenexperiment einer Gesellschaft, die ganz anders funktionieren könnte, sondern vielmehr das »Verschwinden der Zukunft«[10] in der unendlich aufgeblähten Gegenwart, die zum allumfassenden Zukunftsmodell[11] wird?

Politische Utopien befinden sich in einem Spannungsfeld: Was ist nach heutigem Ermessen fast unmöglich, aber doch prinzipiell möglich? Als unbestritten utopisch erscheint eine Zukunftsvorstellung dann, wenn der Horizont des historisch und des individuell Erwartbaren ganz und gar überschritten wird; es zu et-

---

10 Helga Nowotny 1989. Eigenzeit. Entstehung und Strukturierung eines Zeitgefühls. Frankfurt am Main, Suhrkamp, S. 12.

11 Auch wenn die These des konservativen Politikwissenschaftlers Francis Fukuyama, dass nach dem Ende des Kalten Krieges das »Ende der Geschichte« erreicht sei (Francis Fukuyama 1992. Das Ende der Geschichte. Wo stehen wir? München, Kindler), nur eine kurze Zeit plausibel erschien, so ist doch die Fortschrittshoffnung nach wie vor weit verbreitet, aber nicht als Herausforderung, Fortschritt (neu) zu definieren und daraus eine andere Zukunft zu entwickeln, sondern als ein historischer Automatismus, der des politischen Handelns enthebt.

was ganz anderem – in der Selbstdarstellung viel Besserem – kommt. Die Wirklichkeit des individuellen Lebens in seiner gesellschaftlich bestimmten Form bietet vielen im reichen Europa eine unübersehbare Fülle von Möglichkeiten, die teilweise weit offenstehen, teils verschlossen sind oder verschlossen erscheinen. Manche der denkbaren Möglichkeiten sind nach heutigem Wissensstand unmöglich: Niemand kann sich in der Zeit zurückbeamen und Hypatia vor dem mordenden Mob des 5. Jahrhunderts retten; keiner kann ein Wesen aus einer anderen Galaxie kennenlernen. Manche Möglichkeiten sind nicht prinzipiell unmöglich, aber sehr unwahrscheinlich: Für lange Zeit wird es wohl unmöglich sein, ein Sinfonieorchester auf dem Mars zu dirigieren, sich unsichtbar zu machen oder in fünfzig Sprachen fehlerfrei zu kommunizieren. Während über diese Grenzen des Handelns eine weitgehende Einigkeit besteht, ist die Grenze zwischen dem Möglichen und dem Unmöglichen im Bezug auf menschliches Handeln und ein solidarisches Zusammenleben höchst umstritten. Wer vom Homo oeconomicus ausgeht und Menschen ahistorisch als rationale Egoisten konzipiert, wird jede Gesellschaft als unmöglich ansehen, in der Menschen das Interesse an stetiger Bereicherung verlieren, weil sie auf der Grundlage von materieller Sicherheit an Freundschaft, sinnvollem Handeln und Kreativität interessiert sind.

Hier kommt das Experimentelle des utopischen Denkens ins Spiel. Das utopische Denken verschiebt und versetzt den Denkraum des Möglichen und Unmöglichen, der dem Verhalten in der jeweiligen Gegenwart als gegeben erscheint. Utopien sind Denkräume einer anderen Welt, kreieren jeweils ein Experimentalsystem, das unmögliche Möglichkeiten sichtbar werden lässt. Es entwickelt Rationalitäten, die quer zu den dominanten Rationalitäten der Gegenwart liegen. Es experimentiert mit Anordnungen, die neues Handeln, neues Wünschen und neue Beziehungen zwischen Menschen ermöglichen: Politische Utopien[12] entwerfen einen neuen Modus der Regelung der allgemeinen menschlichen Angelegenheiten. Sehen wir Utopien als solche Experimentalsysteme[13] statt als Modelle, so ist

12 Wenn sich politische Utopien dadurch auszeichnen, dass sie eine an rationalen Kriterien ausgerichtete Kritik der sozioökonomischen und politischen Defizite ihrer Herkunftsgesellschaft bieten, um die fiktive bessere Alternative mit der Realität zu verknüpfen, wie es der Utopieforscher Richard Saage zusammenfasst (Richard Saage 2001), dann lassen sich Utopien sowohl gegen Chiliasmen und Mythen als auch gegen Science-Fiction, Prognosen und allgemeine Zukunftsaussagen abgrenzen. Was als adäquate Kritik gilt und welches Gegenmodell als rational und attraktiv gilt, ist selbstverständlich zeitgebunden (Petra Schaper Rinkel 2005. »Andere Zukünfte: Politik der Utopien«. In: PROKLA (141): 551–568).

13 Experimentalsysteme umfassen als »die kleinsten vollständigen Arbeitseinheiten der Forschung das Forschungsobjekt genauso wie die Theorie, die Experimentalanordnung oder das Instrument samt seiner Handhabung. Der Wissen-

die Grenze der Utopie zu verwandten Denkexperimenten fließend. Auch rückwärtsgewandte hypothetische Welten, die Sehnsucht nach einer Vergangenheit zum Ausdruck bringen, die es nie gab – und die Zygmunt Bauman deshalb als Retrotopien[14] charakterisiert hat –, und Gegenentwürfe, die die Vorherrschaft von Partikulargruppen anstreben, repräsentieren Handlungsanordnungen, die es noch nie gab und die trotzdem keine Utopie im Sinne des guten Lebens für alle darstellen.

Als Versuchsanordnung legen Utopien nahe, welche Handlungsweisen erwünscht und welche unerwünscht sind, damit das gute Leben des jeweiligen Experiments gewährleistet ist. In diesem Sinne erweisen sich alle überhaupt ernst zu nehmenden Utopien als wissenschaftliche Experimentalsysteme: Sie basieren auf Theorien des (politischen) Handeln-Könnens von Menschen und den Grenzen und Möglichkeiten von Institutionen zur Regelung der allgemeinen menschlichen Angelegenheiten. In der Assemblage von Menschen, antizipiertem Alltag und politischen Ordnungen

schaftshistoriker Hans-Jörg Rheinberger hat den Begriff eingeführt, um die Eigenlogik der experimentellen Anordnung deutlich zu machen, denn die Experimentalsysteme sind so eingerichtet, »daß sie noch unbekannte Antworten auf Fragen geben, die der Experimentator […] noch gar nicht klar zu stellen in der Lage ist«. Hans-Jörg Rheinberger 2006. Experimentalsysteme und epistemische Dinge. Frankfurt am Main, Suhrkamp.

14 Zygmunt Bauman 2017.

lassen sie damit etwas praktisch wahrnehmbar werden, was über Theorien und Programme nicht konkret wahrnehmbar war. Da Utopien als Erzählungen des konkreten Alltagslebens in einem Gemeinwesen mit ganz anderen Regeln konzipiert sind, muss die Theorie als plausible Lebenspraxis und als konkreter politischer Handlungszusammenhang von Bürgerinnen erzählbar sein.

Erstes Prinzip: Nicht länger Modell und Handlungsanleitung – Utopien als Gedankenexperimente

Vor einem halben Jahrtausend schrieb Thomas Morus »Utopia« – als Gedankenexperiment, wie sich das gesellschaftliche Leben ohne Ausbeutung und in umfassender sozialer Gleichheit organisieren ließe. Das Weltmeer, in dessen gefühlter Unendlichkeit die Insel Utopia verborgen liegt, entspricht im Jahre 1516 dem, was der Weltraum heute als Projektionsfläche bietet. Unter dem Eindruck der neu entdeckten Länder konnten die Verhältnisse der »alten Welt« nicht mehr das Maß aller politischen, kulturellen und ökonomischen Selbstverständlichkeiten bleiben. Als Echo auf das Zeitalter der Entdeckungen war die Kunde von »der besten Staatsverfassung« des Inselstaats Utopia ein Gegenmodell zum zeitgenössischen England, über das sich Morus und sein Gesprächspartner in der ersten Hälfte des Buches unterhalten. Utopia ist der Gegenentwurf zur sozialen Ungleichheit, zum ausbeuterischen Kapitalismus, der mit der expansiven Wollproduktion zur Verelendung der bäuerlichen Bevölkerung auf der britischen Insel führt.[15] Utopien entstehen als Negation des Bestehenden aus dem Widerstand gegen das, was gerade das drängende Problem ist. Das Gedankenexperiment von Morus gegen die Übel seiner Zeit ist bekanntermaßen radikal: Privateigentum ist abgeschafft, Gold ist in Verruf geraten, denn es werden lediglich »Nachtgeschirre und lauter Gefäße für schmutzigste Zwecke« daraus hergestellt. In Morus' föderalistischer Republik ist niemand dauerhaft an einen Ort gebun-

15 Morus ist dabei sehr plastisch. In seiner Darstellung, wie die expansive Schafzucht die Landbevölkerung vertreibt, sind die Parallelen zur heutigen Vertreibung im Kontext von Minen und der Extraktion von Gold und seltenen Erden unübersehbar: »Das sind eure Schafe, […] die so sanft und genügsam zu sein pflegten, jetzt aber, wie man hört, so gefräßig und bösartig werden, dass sie sogar Menschen fressen, Felder, Gehöfte und Dörfer verwüsten und entvölkern. Denn überall, wo in eurem Reiche feinere und daher bessere Wolle erzeugt wird, da sind hohe und niedrige Adelige, ja auch heilige Männer, wie einige Äbte, nicht mehr mit den jährlichen Einkünften und Erträgnissen zufrieden, die ihren Vorgängern aus den Landgütern erwuchsen […], sie lassen kein Stück Land zur Bebauung übrig, sie zäunen alles als Weide ein, reißen die Häuser ab, zerstören die Dörfer.« Thomas Morus 1516. Utopia. In: Der utopische Staat (2001). K. J. Heinisch. Reinbek, Rowohlt: 9–110, S. 26.

den, denn die Einwohner bekommen alle zehn Jahre ein neues Zuhause durch Auslosung, was ihr Alltagsleben nicht sonderlich verändert, da die Gleichheit der Lebensbedingungen durch gleiche Städte hergestellt wird. So entspricht der Entwurf der Gegengesellschaft der Problem-Hypothese von Ungleichheit, Privateigentum und Gier nach Gold.

Was ist heute das Problem? Die neoliberale Politik der letzten Jahrzehnte hat dem Kapital eine enorme globale Handlungs- und Bewegungsfreiheit verschafft und die politische Handlungsfähigkeit von Staaten und Gesellschaften eingeschränkt und unterminiert. Wenige gigantische Unternehmen beherrschen global die Kommunikation, den Handel und die Informationsmöglichkeiten.[16] Das Credo von der vermeintlichen Naturgesetzlichkeit des Marktes, der sich gesellschaftlicher Gestaltung entzieht, hat sich umfassend in den Köpfen eingenistet. Zugleich wird die Politik durch das Geld beherrscht und als eine fremde Instanz wahrgenommen, nicht als Repräsentation der Bürgerinnen; nicht als Instanz der Implementierung angemessener Regeln, die für alle gelten. Vielerorts wird die fehlende Alternative zum Kapitalismus beschworen, doch fehlt weitgehend

16 Vgl. Yvonne Hofstetter 2016. Das Ende der Demokratie. Wie die künstliche Intelligenz die Politik übernimmt und uns entmündigt. München, Bertelsmann; Amy Webb 2019. The Big Nine. How the Tech Titans and Their Thinking Machines Could Warp Humanity. New York, PublicAffairs.

das Instrumentarium, diese zu denken. Die zementierten Ungerechtigkeiten und Perversionen, kontrastiert durch theoretische Paradiese dank der verheißenen Automatisierung jeglicher Produktionsarbeit und Logistik, zugleich die faktischen Höllen auf anderen Kontinenten; das meiste davon ist bekannt und führt trotz dieses Wissens nur bei einer Minderheit zu Aktivität dagegen. Vertreibung und Versklavung zum Beispiel durch Rodung von Regenwald und Abbau von Metallen und seltenen Erden hängen bekanntermaßen mit den Konsummustern des reichen Nordens zusammen; die »Automatisierung der Ausbeutung« im Handel geschieht vor der eigenen Haustür.[17] Zwar ist mit dem rasant aufscheinenden Möglichkeitshorizont von Digitalisierung, Automatisierung, Robotik und künstlicher Intelligenz technisch und theoretisch das Ende menschlicher Fronarbeit in greifbare zeitliche Nähe gerückt: Doch solange die Infrastruktur-Entscheidungen nicht in demokratisch legitimierten Kontexten, sondern von den großen technologischen Playern getroffen werden, können daraus keine gesamtgesellschaftlichen Vorteile generiert werden.[18] Wenn die Maschinen arbeiten,

17 Vgl. z. B. Matthias Becker 2017. »Industrie 4.0: Die Automatisierung der Ausbeutung.« In: Blätter für deutsche und internationale Politik (10): 101–107.

18 Vgl. dazu Schaper Rinkel in: Matthias Weber und Petra Schaper Rinkel 2018. »Unsere Fähigkeit, sich unser zukünftiges gesellschaftliches Leben vorzustellen, ist begrenzt«. In: Technologie im Gespräch: Künstliche Intelligenz. Jahr-

können die Arbeiter feiern, lesen, kreativ sein, sich um ihre Mitmenschen kümmern oder sich mit den Maschinen in avancierten Feldern des Spiels messen. Wenn sie ein bedingungsloses Grundeinkommen haben und nicht um begrenzte Ressourcen konkurrierend kämpfen müssen, dann werden all die genuin menschlichen Charakteristika wie Neugier und Kreativität zusammen mit dem voll entfalteten sozialen Sinn zu einem Zeitalter des utopischen Miteinander führen. Marx und Engels werden viel zitiert mit ihrer Vision aus dem Jahre 1845, als sie postulierten, es werde einst möglich sein, »heute dies, morgen jenes zu tun, nachmittags zu fischen, abends Viehzucht zu treiben, nach dem Essen zu kritisieren, wie ich gerade Lust habe – ohne je Jäger, Fischer, Hirt oder Kritiker zu werden«.[19] Im Gegensatz zu den nachfolgenden Visionen, in denen die brutalen Verhältnisse ohne Revolte durch die Vernunft abgelöst werden, waren sich Marx und Engels sicher, dass »die Aufhebung der ganzen alten Gesellschaftsform und der Herrschaft überhaupt bedingt, sich zuerst die politische

---

buch zu den Alpbacher Technologiegesprächen 2018. H. Androsch, W. Knoll und A. Plimon. Wien, Holzhausen: 18–35.

19 Karl Marx und Friedrich Engels 1846/1969. Die deutsche Ideologie. Kritik der neuesten deutschen Philosophie in ihren Repräsentanten Feuerbach, B. Bauer und Stirner und des deutschen Sozialismus in seinen verschiedenen Propheten. In: MEW (Karl Marx, Friedrich Engels: Werke), Bd. 3, S. 33.

Macht [zu] erobern«.[20] Die politische Macht zu erobern (müssen) gehört zu den blinden Flecken des heute so harmonistischen Zukunftsdenkens, denn es verweist auf die dunkle Seite politischer Umbrüche und auf das, was Utopien der Vergangenheit häufig vorgehalten wird: dass sie nicht Flügelschuhe des Fortschritts gewesen seien, vielmehr Steigbügelhalter des Grauens. Was einseitig ist, wie es der Komponist Georg Friedrich Haas zusammenfasst: »›Es gab die Französische Revolution, und die führte zu Robespierre und Napoleon; also zu einem Massenmörder, und zum nächsten Kaiser.‹ Aber diese Verkürzung ist falsch! Denn die Französische Revolution hat die Welt grundsätzlich verändert; und sie hat trotz ihrer grauenvollen Missstände die Humanität erweitert. Dasselbe gilt auch für die bolschewistische Revolution. Es ist klar, dass der Stalinismus entsetzlich ist […] Aber daraus den Schluss zu ziehen, es wäre besser gewesen, der Zar würde heute noch regieren, das wäre das Allerdümmste und Allerschrecklichste. Denn auch wenn der Kommunismus eine pervertierte Humanität war, so war er doch immerhin von der Idee her grundsätzlich eine Humanität. Wogegen der Zarismus das nicht gewesen ist: Und diese Veränderung halte ich für ganz entscheidend!«[21] Oder, wie es Hannah Arendt fasst: »Und auch, wenn viele Revolutionen in der Tyrannei endeten, so erin-

20 Ibid.

21 Interview mit Georg Friedrich Haas.

nerte man sich doch immer daran, dass sich, mit den Worten Condorcets, ›das Wort revolutionär (…) mithin nur auf Revolutionen anwenden [lässt], die die Freiheit zum Ziel haben‹«.[22] Die Kenntnis totalitärer Systeme, die Erfahrung der Verwandlung revolutionärer und demokratischer Aufbrüche in repressive Diktaturen (z. B. Nicaragua) und die Geschichte der alten Utopien, die nach dem Maßstab heutiger politischer Freiheit keineswegs mehr als Utopien erscheinen, veranlassen zu einer zentralen Schlussfolgerung: Der Hauptanspruch an utopische Denkexperimente des 21. Jahrhunderts ist die Antizipation der immer gefährdeten Freiheit und das experimentelle Erdenken, wie ebendiese Freiheit gewährleistet werden kann.

Die historischen Erfahrungen des 20. Jahrhunderts nähren bis heute die recht pauschale Kritik an den klassischen utopischen Schriften; den Vorwurf, totalitäre oder zumindest autoritäre Modelle zu verfolgen, die als Konstruktionspläne für eine Umsetzung gedacht seien. Doch vielleicht waren die utopischen Schriften gar keine Gebrauchsanleitungen für die Wirklichkeit? Ohne sich auf eine Auseinandersetzung über die utopische Intention des englischen Lordkanzlers Morus, des politischen Gefangenen Campanella oder auch – viel später – abenteuerlicher Projektmacher wie Saint-Simon oder politischer Aktivistinnen wie Charlotte Perkins

22 Hannah Arendt 2018, S. 11.

Gilman einlassen zu müssen: Zumindest lässt sich festhalten, dass sich politische Utopien als hypothetische Experimentalsysteme lesen und nutzen lassen, die eine Vorstellung davon entwickeln, wie das tägliche Leben und dic politischen Institutionen unter transformierten Rahmenbedingungen funktionieren könnten. Damit ist ein wesentliches Moment klassischer politischer Utopien – wie auch heutiger Szenarien – definiert: Sie funktionieren nur dann als schlüssige Gedankenexperimente, wenn sie in sich logisch und konsistent sind. Was in der theoretischen Physik seit Einstein eine hohe Reputation hat,[23] wird in der politischen und gesellschaftswissenschaftlichen Welt noch immer mit hoher Skepsis betrachtet: eben die Methode des Gedankenexperiments. Die utopischen Konstruktionen von Thomas Morus bis zu denen im 20. Jahrhundert beruhen auf einem Fundament von zeitgenössischem Wissen; sie agieren nicht fern dieses Wissens, sind aber auch nicht auf das hegemoniale Wissen ihrer Zeit beschränkt, sondern überschreiten es, um neue Handlungsoptionen aufzuzeigen. Nur unter dieser Bedingung des ambivalenten Über-

---

23 1922 sagte Einstein in einem Gastvortrag an der Universität im japanischen Kyoto: »Ich saß im Berner Patentamt in einem Sessel, als mir plötzlich der Gedanke kam: Wenn sich ein Mensch im freien Fall befindet, wird er seine eigene Schwere nicht empfinden können. Mir ging ein Licht auf. Dieser einfache Gedanke beeindruckte mich nachhaltig. Die Begeisterung, die ich da empfand, trieb mich zur Gravitationstheorie.«

schreitens von Grenzen des Denkbaren bieten Utopien einen Resonanzraum.[24] Utopien sind kein Zweig der fantastischen Literatur (auch wenn es Überschneidungen gibt, etwa wenn bei Fourier das Wasser der Ozeane in ferner Zukunft nach Zitronenlimonade schmecken soll), doch sehr wohl im ursprünglichen Wortsinne »Science-Fiction«, fiktionale Erfindungen auf der Höhe des zeitgenössischen Wissens – aus Naturwissenschaften und Sozialwissenschaften. Auf dieser Grundlage entwerfen sie eine Konfiguration, in der die Verschiebung von Elementen – wie zum Beispiel die Abschaffung des Privateigentums bei Thomas Morus – einen Möglichkeitsraum schafft, in dem sich Menschen auf andere Weise im Alltag verhalten und ihre öffentlichen Angelegenheiten auf neue Weise regeln. Auf Thomas Morus' Insel Utopia und in Campanellas Sonnenstaat fließen weder paradiesisch Milch und Honig noch fliegen die sprichwörtlich gebratenen Täubchen in Speisesäle und offene Münder. Vielmehr ist es ganz logisch die veränderte Organisation der Arbeit (dass alle arbeiten), die

24 Der Begriff der Resonanz ist an Hartmut Rosa angelehnt (Hartmut Rosa 2016. Resonanz. Eine Soziologie der Weltbeziehung. Berlin, Suhrkamp), für Rosa ist Resonanz ein Beziehungsmodus, in dem gegenseitige Schwingungen erzeugt werden. Dabei steht die Resonanz des Menschen zu sich und seiner Umwelt im Zentrum. Wenn Utopien als Resonanzräume begriffen werden, dann bieten sie offene Anknüpfungspunkte an ein kollektives Handeln, das gerade über die Bedingungen der Gegenwart hinausgeht.

alle mit gutem Essen und angenehmen materiellen Lebensbedingungen ausstattet – obwohl alle »nur« sechs Stunden täglich arbeiten. Utopien »funktionieren« in einem grundlegenden Sinn, denn die von ihnen experimentell angeordneten Lebenspraxen müssen in sich logisch konsistent denkbar sein. Nun erscheint eine Welt ohne Krieg, in der alle gleich wenig arbeiten und einen vergleichsweise hohen Lebensstandard haben, sowohl aus der Perspektive des 16. als auch des 21. Jahrhunderts aus sozialpsychologischer und politikhistorischer Sicht nicht gerade wahrscheinlich; aber es spricht prinzipiell nichts dagegen, dass diese Welt möglich wäre. Und die Utopien konstruieren das hypothetische Gemeinwesen in ebenjener Weise, dass eine solche Welt auf einmal erwartbar anmutet. Es liegt an der heutigen Rezeption, als was die Utopien der Vergangenheit begriffen werden und was aus ihren Anordnungen für ein neues, heutiges Experimentalsystem verwendet wird.

Für die zukünftigen Utopien sollte gelten, was auch für Experimente in den Naturwissenschaften heute gilt: Sie sind keine nachrangigen Basteleien, keine bloße Prüfung und Rechtfertigung von andernorts gewonnenen Einsichten; Experimentieren bedeutet vielmehr, Phänomene zu erschaffen und zu verfeinern.[25] Eben auf

25 Dass Experimente in den Naturwissenschaften nicht allein Hilfsmittel theoretischer Modelle sind, sondern einen eigenständigen Zugang zu Erkenntnis ermöglichen, hat Ian Hacking in den achtziger Jahren dargelegt: Ian Hacking 1983.

der Grundlage des Funktionierens und des Scheiterns der Vergangenheit, doch beides gleichermaßen nutzend und hinter sich lassend. Utopien als Experimentalsysteme zu begreifen lädt dazu ein, sie mit veränderten Rahmenbedingungen in einer neuen Variation zu reinterpretieren. Ein utopisches Gedankenexperiment ist in sich abgeschlossen, ist aber zugleich ein Zwischenschritt für das nächste Experiment, in dem nur die Rahmenbedingungen bleiben, die den heutigen Nachfolgern noch plausibel und wünschenswert erscheinen. Alles andere lädt dazu ein, das Gedankenexperiment zu verändern: das Politische auf umfassender demokratischer Partizipation aufbauend zu erdenken, das ökonomische Gemeinwohl experimentell als eine globale Komponente zu erfinden oder auch ein neues gesellschaftliches Naturverhältnis zu erdenken, wie es nach den ökologischen Utopien der siebziger Jahre[26] jüngst (allerdings nicht in Form einer Utopie) die Wissenschaftstheoretikerin Donna Haraway getan hat: Sie erweitert die Vorstellung

---

Representing and Intervening. Introductory Topics in the Philosophy of Natural Science. Cambridge Cambridgeshire/ New York, Cambridge University Press. Das Experimentelle der Utopien besteht analog dazu darin, dass mit der imaginären Konfiguration eines Alltags in einer Gesellschaft mit einer anderen Rationalität das konkrete Handeln in dieser Gesellschaft Problematiken anders aufzeigt, als es abstrakte Programme oder Theorien tun.

26 Siehe die Utopien von Ursula LeGuin 1976 (Planet der Habenichtse, München, Heyne) und Ernest Callenbach 1981 (Wege nach Ökotopia. Berlin, Rotbuch).

von der auf begrenzten Einheiten basierenden Autopoiese durch die Vorstellung einer »Sympoiese«; diese steht für sich kollektiv erhaltende Systeme, die gemeinschaftlich überraschende Entwicklungen in komplexen, dynamischen und responsiven Systemen hervorbringen und derart zeigen, wie Einzelne im Austausch miteinander zu einem veränderten Weltverständnis gelangen.[27] Mit ihrem immer wieder geäußerten Slogan »Make Kin, Not Babies!« (»Macht euch verwandt, nicht Babys!«)[28] entwickelt sie die Vorstellung einer doppelt erweiterten Verwandtschaft, die sich nicht nur auf die Erweiterung menschlicher Verwandtschaftssysteme bezieht, sondern die Grenzen zwischen Spezies aufbricht. Haraways Szenarien zur genetischen Verschmelzung von Menschen mit nicht-menschlichen Wesen machen die Grenzen der bisherigen Weltentwürfe sichtbar.

Politische Utopien als Gedankenexperimente in einem transformatorischen Sinn zu nutzen bedeutet, sie erst einmal analytisch gegen Positionen abzugrenzen, die gerade nicht auf die Aufhebung von ungleichen Herrschaftsverhältnissen gerichtet sind, sondern ein System verewigter Vorherrschaft etablieren wollen

27 Donna J. Haraway 2018. Unruhig bleiben. Die Verwandtschaft der Arten im Chthuluzän. Frankfurt am Main/New York, Campus.

28 Ibid. Zur Kontroverse siehe: https://www.zeit.de/kultur/2019-08/kapitalismuskritik-kindererziehung-familie-abschaffung-kommunismus/komplettansicht.

(wie im Faschismus und seinen aktuellen verwandten rassistischen und religiösen Vorherrschaftsideologien). Dies bringt der Komponist Georg Friedrich Haas auf den Punkt: Was »empört, ist die Gleichsetzung von Nationalsozialismus und Kommunismus. Man sagt, Hitler ist ein Massenmörder, Stalin ist ein Massenmörder. Diese beiden Sätze sind beide richtig. Aber: der Kommunismus ist eine pervertierte Humanität; der Nationalsozialismus ist keine Perversion; der ist vom Grundkonzept her inhuman. Und hier setzt für mich die fundamentale Notwendigkeit einer Utopie ein: gegen diese Bedrohungen durch Inhumanität, die ich wieder hochkommen sehe: eine Utopie der Humanität zu setzen. [...] beim Nationalsozialismus und [...] den Nachfolgeströmungen ist die Katastrophe nicht die Panne, sondern das systemimmanente Ziel: und das ist der fundamentale Unterschied.«[29]

Wenn Utopien keine Modelle sind, sondern Denkexperimente, welchen Nutzen haben sie dann über das mögliche Weiterentwickeln sozial- und politiktheoretischer Konzepte hinaus? »Utopien als Navigationskarten« wäre – vom Wirtschaftsforscher Stephan Schulmeister formulierter – Denkansatz zu ihrer Nutzung. In ihrer Konkretheit der Beschreibung einer zukünftigen oder alternativen Gegenwart beinhalten Utopien das Ausbalancieren von gegensätzlichen Ansprüchen.

29 Interview mit Georg Friedrich Haas.

Oder, so Schulmeister: »Diese Unmöglichkeit, Freiheit, Gleichheit und Brüderlichkeit zu vereinen, natürlich ist das unmöglich, aber […] in der Gleichzeitigkeit des Anstrebens – nie des Realisierens, aber des Anstrebens dieser drei Werte – gibt man dem Suchprozess eine Richtung und ein großes Innovationspotenzial!« Was die Utopie bieten kann, ist eben »die Metapher Navigationskarte; das Mittelding zwischen Theorie und ihrer konkreten Anwendung«.[30] Die Faszination der alten Utopien lag dabei in dem, was sie zugleich schnell altern lässt: Experimentell ein plastisches Bild der programmatisch in der Luft liegenden Vorschläge zu entwerfen, das immer zeitgenössisch gebunden und deshalb in seiner Konkretheit schnell überholt ist.

Zweites Prinzip: Gegen die transhumanistische Aufrüstung des Menschen – Utopien von Morgen beruhen auf existierenden Menschen

Die heutigen Menschen seien nur ein Zwischenstadium hin zu technisch aufgerüsteten Supermenschen, die den heutigen so überlegen sind, dass im Jahr 2100 niemand mehr intelligent kommunizieren könne, der nicht technisch aufgerüstet sei, so postulierte es der US-amerikanische Erfinder, Transhumanist und spätere Leiter der

30 Interview mit Stephan Schulmeister.

technischen Entwicklung bei Google, Ray Kurzweil.[31] Die Transhumanisten ließen sich als technisch modernisierte Variante dessen lesen, was viele der Utopisten und Revolutionärinnen der Vergangenheit postulierten. Schon Charles Fourier hatte im Jahr 1808 begeistert über eine utopische Zukunft geschrieben, in der so ungefähr jedes achthundertste der »Kinder beiderlei Geschlechts« die Fähigkeiten haben würde, »den Größten der Geschichte zu gleichen, einem Homer, Caesar, Newton«.[32] In der wunderbaren Welt der Zukunft wird der Mensch »ungleich stärker, klüger und sensibler sein; sein Körper harmonischer, seine Bewegungen rhythmischer, seine Stimme musikalischer«. Ein Jahrhundert später führte der russische Revolutionär Leo Trotzki diesen Gedanken nach der Oktoberrevolution fort: »Der durchschnittliche Menschentyp wird sich bis zum Niveau des Aristoteles, Goethe und Marx erheben. Und über dieser Gebirgskette werden neue Gipfel aufragen.«[33] Die Ähnlichkeit zwischen Kurzweil auf der einen Seite und Fourier und Trotzki auf der anderen ist vorhanden und dennoch irreführend. Bei Ray Kurzweil

31 Vgl. Ray Kurzweil 2016. Die Intelligenz der Evolution. Wenn Mensch und Computer verschmelzen. Köln, Kiepenheuer & Witsch.

32 Charles Fourier 1808/1966. Theorie der vier Bewegungen und der allgemeinen Bestimmungen. Frankfurt am Main/ Wien, Europäische Verlagsanstalt, S. 108.

33 Leo Trotskij 1924/1968. Literatur und Revolution. Berlin, gerhardt, S. 215.

und den Transhumanisten geht es um das Überleben in immer härteren Verhältnissen, in denen nur die Aufgerüsteten überleben werden. Das Streben richtet sich darauf, zu den technisch Aufgerüsteten zu gehören, statt unterzugehen. Während die Transhumanisten ein letztlich apokalyptisches Ziel verfolgen, nämlich einen Weg zu finden, um in extremen Konkurrenzverhältnissen das verletzliche Menschsein zu überwinden, um der transhumanistischen Nicht-Menschheit eine Fortführung von noch extremerer Konkurrenz zu ermöglichen, setzen die Utopien auf die Verallgemeinerung dessen, was zuvor als das Außergewöhnliche und Geniale galt. Bei Trotzkis Ausblick auf die neuen Gipfel der Menschheit besteht die Hybris darin, zu den Gestaltern eines Neuen Übermenschen zu gehören; doch vom Prinzip her verweist Trotzki darauf, dass sich das Besondere zukünftiger Menschen eben erst zeigen kann, wenn die Bedingungen dafür da sind: die Freiheit und die Zeit für Bildung, für Spiel, Neugier, Selbstentfaltung, Kreativität und Muße.

Die Menschen der eigenen Gegenwart gefallen einander selten: Als ungerecht, gewalttätig, brutal, gierig, hässlich und faul zeichnen die Verfasser der Utopien die Menschen ihrer Zeit. Politische Utopien entschlüsseln die zerstörerischen Verhältnisse, die rücksichtslos und grobschlächtig machen. Damit der bessere utopische Zustand nicht lediglich denkbar und plausibel, sondern darüber hinaus erreichbar ist, ändern sich im utopischen

Experiment die Rahmenbedingungen des Menschseins und der Menschwerdung. Aber wie ändert sich damit auch der Mensch? Welche Bedingungen verändern die vermeintliche oder tatsächliche Natur des Menschen im utopischen Experiment? Verändert sich der Mensch durch die veränderten utopischen Bedingungen, oder ist der veränderte Mensch die Vorbedingung für das Funktionieren der Utopie? Im zeitgenössischen England von Thomas Morus greifen die Gier nach Gold, Ausbeutung und Brutalität ineinander[34], die durch die Institution des Privateigentums zusammengehalten werden. Das Gedankenexperiment, Privateigentum abzuschaffen, führt zu einer radikalen Neuordnung der Gesellschaft. Gerechtigkeit durch Gleichheit der Lebensbedingungen bei Abschaffung des Privateigentums lautet diese Regel bei Thomas Morus: »Obwohl keiner etwas besitzt, sind doch alle reich.«[35] Ohne Privateigentum sind die brutalen Verteilungskämpfe um Ressourcen und überhaupt Gewalttätigkeit verschwunden. Es gibt keinen Überfluss, den es gegen die Mittellosen zu sichern gälte. Morus wagt es in seinem Experiment, das bessere Leben für alle zu den-

34 Die Beschreibung von Thomas Morus über die Brutalität der Vertreibung korrespondiert in überraschender Weise mit der Beschreibung des »brutalen Aussortierens«, das Saskia Sassen als die »DNA unserer Epoche« und als globales »systembedingtes« Phänomen beschreibt: Saskia Sassen 2015. Ausgrenzungen. Brutalität und Komplexität in der globalen Wirtschaft. Frankfurt am Main, S. Fischer, S. 14ff.

35 Thomas Morus 1516, S. 106.

ken, aber er bleibt zugleich gefangen in der Überlieferung seiner Zeit, der Mensch sei tendenziell eine Gefahr für sich selbst und andere, wenn er nicht permanent und lückenlos auf die neue Maxime hin ausgerichtet wird. Eingehend erörtert Morus, wie es in seinem Experimentalsystem möglich ist, dass alle nur sechs Stunden am Tag arbeiten und trotzdem alle ein materiell gutes Leben führen. Da Müßiggang und Luxus verhindert und geahndet werden, reicht die einfache Umverteilung von Arbeit aus. Morus geht von der seinerzeit realistischen Prämisse aus, dass ein recht hohes Maß an durchschnittlicher Arbeitszeit zur Reproduktion des Lebens unabdingbar ist; und so hilft in seiner Utopie nur der starke Staat, um das Nichtstun und die Verschwendung von Ressourcen zu verhindern. Die autoritär staatszentrierten Experimentalsysteme von Thomas Morus, Campanella und ihren Nachfolgern beruhen auf der Hypothese, die menschlichen Leidenschaften müssten gezähmt werden, und diese gedankenexperimentelle Voraussetzung führt sie zur autoritären Gesellschaftsanordnung, in der individuelle Handlungsfreiheit eng begrenzt ist.

Wenige Jahrhunderte später, mit der Industrialisierung, kann das Utopische die experimentellen Rahmenbedingungen plausibel verschieben. Wenn es nun möglich ist, eine Welt zu denken, die immer weniger menschliche Arbeitskraft benötigt, um alle notwendigen oder auch alle gewünschten Güter zu produzieren, dann lässt sich auch eine politische Welt denken, in der das gute Leben nicht mehr auf dem Zwang zur Arbeit und der Verhinderung von Luxus gründet. Weitergehend noch: Die Menschen müssen nicht mehr in die Arbeitsform gepresst werden, vielmehr können sie ihren Neigungen nachgehen; vielleicht auch weniger arbeiten, aber dennoch wird für alle genug vorhanden sein. Die utopischen Gedankenexperimente der Industrialisierung setzen die unterschiedlichen individuellen Leidenschaften auf einmal als vorwärtstreibende Kraft ein – nicht mehr als Gefahr. Bei Fourier ist es der »Reiz des Reichtums und des Genusses«, der die Menschen dazu bringen wird, ihre Rivalitäten zu vergessen und kooperativ die Arbeit zu rationalisieren. So hat die »beherrschende Leidenschaft, die Liebe zum Reichtum« nur »einen anderen Weg eingeschlagen«. In Fouriers Utopie des kooperativ spielerischen Zusammenlebens sind die »glühenden und verfeinerten Leidenschaften« gerade die treibende Kraft für das individuelle und das kollektive Handeln in der genossenschaftlichen Ordnung.[36] Dabei setzt Fourier nicht auf andere Menschen als die, die unter anderen gesellschaftlichen Bedingungen erwartbar sind; er konfiguriert eben nur den Rahmen so, dass sich Menschen mit ihren Leidenschaften und ihren Fähigkeiten entwickeln, statt dass sie – so die scharfe Kritik der Verhältnisse seiner Zeit – in Zwangsinstitutionen verkümmern oder bis zur Perversion ver-

36 Charles Fourier 1808/1966, S. 41, 43–42.

bogen werden. Wenn Junge und Alte, Frauen und Männer, Theoretikerinnen und Praktiker, Fantastinnen und Realisten, Hyperaktive und Phlegmatikerinnen in all ihren Kombinationen unterschiedlich sind, dann vereinheitlicht sie die Utopie nicht mehr wie zuvor; ihre Vielfältigkeit macht aus, dass sich der individuelle Zustand wie auch die Formen der Regelung der menschlichen Angelegenheiten stetig verfeinern und verbessern können. Die individuelle Freiheit wird nicht mehr der gesellschaftlich erzwungenen Gleichheit des Handelns untergeordnet; das individuell unterschiedliche Streben ist nicht weiter ein Anlass von Unterdrückung; vielmehr die Kraft, die den Fortschritt vorantreibt. Dieser Fortschritt ist zentraler Gegenstand der utopischen Gedankenexperimente. Implizit oder explizit ist dabei immer die Frage: Wie werden die Menschen andere, wie werden sie solidarischer, großzügiger, weniger egoistisch und weniger gewalttätig? Konservative, Neoliberale, Egoisten und Transhumanistinnen teilen die sozialdarwinistische Hypothese, dass die Evolution einzig einen ständigen Kampf ums Überleben (und um die Verbreitung der eigenen Gene) bedeutet. Die Sprache der Evolutionstheorie wird dabei genutzt, um egoistisches Verhalten zu begründen oder zu rechtfertigen, während Freigiebigkeit, Kooperation und Freundlichkeit als biologisch wenig nutzbringend gelten und als ein quasi antrainierter Zuckerguss auf einer Grundlage von Gier, Misstrauen und Aggression dargestellt werden. Der (vermeintlich) freie Markt ist die adäquate Institution, dieser hypothetischen Natur des Menschen zu entsprechen, dem Kampf von jedem gegen jede eine Form zu geben. Francis Fukuyama vertrat in seinem Buch vom »Ende der Geschichte« die Auffassung, die Weltgeschichte habe ihren Höhe- und Endpunkt im liberalen Kapitalismus und im kapitalistischen Liberalismus erreicht; und der Philosoph Slavoj Žižek stellt immer wieder fest, dass heute auch die meisten kritischen Geister eben diesem Fukuyamismus verfallen sind, indem sie sich bestenfalls eine Zähmung der Auswüchse vorstellen können, nicht jedoch ein anderes System.[37] Doch was, wenn die heutigen Institutionen den Egoismus forcieren und produzieren und nicht der vorgängige Egoismus zu dem heutigen Ausbeutungssystem geführt hat? Ergebnisse aus Hirnforschung, Genetik, Wirtschaftswissenschaften und Sozialpsychologie zeigen, dass menschliches Miteinander und das Wohlergehen anderer zu den tiefsten Bedürfnissen von Menschen gehören.[38] Es ist die kooperative Seite des Menschen, das Geben und das gemeinsame Handeln-Können, das die komplexen menschlichen Gesellschaften und ihre hohe soziale Diversität geschaffen hat. Auf diese Erkenntnisse sind die

37 So etwa in einem Interview in der Frankfurter Rundschau 2012: https://www.fr.de/kultur/preis-freiheit-11364703.html.

38 Vgl. Stefan Klein 2010. Der Sinn des Gebens. Warum Selbstlosigkeit in der Evolution siegt und wir mit Egoismus nicht weiterkommen. Frankfurt am Main, S. Fischer.

heutigen Institutionen nicht ausgerichtet. Wenn es die fest installierten Marktinstitutionen sind, die die ruinöse Konkurrenz und den zerstörerischen Wachstumszwang antreiben und in ihrer globalen Vereinheitlichung den Egoismus produzieren, dann wäre der nächste Schritt der, gedankenexperimentell eine Prädominanz von Institutionen zu erforschen, die Kooperation, Miteinander und Selbstlosigkeit ermöglichen. Global sind die Initiativen vielfältig und unübersehbar, nur ihre Verbindung untereinander oft wenig sichtbar.

Die experimentellen Anordnungen der Utopiegeschichte kennen alle Varianten zwischen Menschenzucht im Interesse des Staates und Menschwerdung durch maximale politische Freiheit: Der Dominikanermönch Tommaso Campanella hat in seiner Utopie vom Sonnenstaat (1602 verfasst) der Menschenzucht die Rolle der Produktion des utopisch optimierten Menschen zugewiesen, die von »Beamten« für »Fortpflanzungsangelegenheiten« organisiert wird: »Große und schöne Frauen werden nur mit großen und tüchtigen Männern verbunden; dicke Frauen mit mageren Männern und schlanke Frauen mit starkleibigen Männern, damit sie sich in erfolgreicher Weise ausgleichen.[39] Damit macht Campanella in seinem Sonnenstaat die neuen Menschen zu Objekten, die nicht lieben dürfen,

39 Tommaso Campanella 1602. Sonnenstaat. In: Der utopische Staat (2001). K. J. Heinisch. Reinbek, Rowohlt: 111–169, S. 131.

deren Begehren den staatlichen Entwicklungszielen vollständig unterworfen wird. In den späteren – anti-etatistischen – utopischen Experimentalsystemen geht es immer darum auszuloten, wie eine neue Ordnung zur Veränderung des Menschen beiträgt. In der »Kunde von Nirgendwo«[40], dem ästhetisch-sozialistischen London der Zukunft, entwirft William Morris, der Begründer der Arts-and-Crafts-Bewegung, eine Utopie, in der die (stark reduzierte) Arbeit zum Vergnügen geworden ist. In der handwerklichen Produktion schöner Dinge wird manuelle Arbeit zum ästhetischen Vergnügen und im harmonischen Naturverhältnis werden der Hausbau und das Ernten zum sozialen Ereignis: Hier treffen sich entspannte Menschen, die körperliche Tätigkeit mit angenehmem Beisammensein in der Natur verbinden. Die Produktion von feinen Dingen in einem geruhsamen Miteinander führt in diesem Gedankenexperiment zugleich zu schönen und jugendlich anmutenden Menschen, sodass der Zeitreisende William Gast traurig feststellen muss, dass ihn die Zukunftsmenschen für einen Achtzigjährigen halten – und nicht für Mitte fünfzig. Sein Gegenüber überspielt die peinliche Situation mit dem Satz: »Es heißt gewiss nicht mit Unrecht, dass man unter Unglücklichen schnell altert.« So braucht Morris keine Menschenzüchtung; das gute Leben erhält die Jugendlichkeit von selbst. Das mag nun als rhetorische

40 William Morris 1900. Kunde von Nirgendwo. Stuttgart, Dietz.

Vereinfachung des Experimentalsystems gelten, um gerade nicht imaginieren zu müssen, ob es so einfach ist, Schönheit und Gesundheit für alle über das gute Leben zu ermöglichen. Der utopische Diskurs zur Schönheit hat durch die US-amerikanische Utopie-Autorin Ursula LeGuin auch das Gegenteil zur These gemacht. In ihrem Roman vom »Planet der Habenichtse« heißt es: »Ihr Urrasti habt von allem genug. Genug Luft, genug Regen, Gras, Meere, Nahrung, Musik, Häuser, Fabriken, Maschinen, Bücher, Kleider, Geschichte. Ihr seid reich, ihr besitzt. Wir sind arm, wir leiden Mangel. Ihr habt, wir haben nicht. Hier ist alles schön. Nur die Gesichter nicht. Auf Anarres ist gar nichts schön, nichts außer den Gesichtern. Die anderen Gesichter, die Männer und Frauen. Etwas anderes haben wir nicht, wir haben nur uns. Hier sieht man den Schmuck, dort sieht man die Augen. Und in den Augen sieht man die Pracht, die Pracht des menschlichen Geistes. Weil unsere Männer und Frauen frei sind. Da sie nichts besitzen, sind sie frei. Und ihr, die Besitzenden, ihr seid besessen. Ihr lebt alle im Gefängnis.«[41] LeGuins Utopie verweist in ihrem Entwurf auf das Ende der Utopie, in der sich trotz anarchischer, basisdemokratischer Organisationsformen der Gesellschaft informelle Macht verdichtet hat und die politische, intellektuelle und künstlerische Freiheit untergräbt. Ihre Utopie zeigt das Dilemma, das anarchi-

41 Ursula LeGuin 1976, S. 197.

sche Gesellschaften von einer Minderheit in ihrer Freiheit unterminiert werden können. Wenn also nicht alle mitmachen, dann ist die egalitäre Gesellschaft gefährdet.

Wenn es um die zukünftigen Menschen geht, dann übersteigt deren unbekannte Erfahrungswelt immer die Erfahrung derer, die sie in ihrer Gegenwart experimentell erdenken; dennoch können utopische Experimente logischerweise nicht anders, als jeweils ein Bild vom – prinzipiell unbekannten – utopischen Menschen zu zeichnen. Das Repertoire an Sozialtechniken, mit denen die Konformität der Einzelnen gegenüber den Institutionen der utopischen Staaten erzwungen werden soll, ist aus der heutigen Perspektive autoritär und abschreckend und wurde selbst schon von Zeitgenossen bisweilen zur Debatte gestellt.[42] Die etatistischen Utopien behaupten eine Übereinstimmung von individuellem Glück und staatlicher Optimierung. Heute sind Glück und Optimierung zu einer Industrie geworden: Die israelische Soziologin Eva Illouz hat aufgezeigt, wie die therapeutische Kultur der Selbsthilfe zu einer Selbstprogrammierung als »Siegeszug der emotionalen Kompetenz« geführt hat,[43] und wie die romantische Liebe zu einer recht berechenbaren Abfolge von

42 Dazu gehören heute teils verschüttete Texte wie Gabriel de Foignys Roman »La Terre australe connue« (1676).

43 Eva Illouz 2009. Die Errettung der modernen Seele. Therapien, Gefühle und die Kultur der Selbsthilfe. Frankfurt am Main, Suhrkamp, S. 334.

Handlungssequenzen wurde: vom ersten Date bis zur romantischen Hochzeit, von den Ausflügen des jungen Paares über die Blumen und Geschenke; wie all die käuflichen Romantikprodukte, Symbole, Bilder und Rituale die Liebe erst herstellen und wie die Selbstprogrammierungen und -optimierungen hochgradig normiert sind, ohne dass die rigiden Zwänge der frühen Utopien nötig sind.[44] Der Widerspruch zwischen individueller Glückssuche und Optimierung für das Wohl der Allgemeinheit hat sich verschoben, denn es braucht keinen rigiden Staat mehr, der die Einzelnen durch genau vorgegebene Regeln in ein austariertes Korsett zwängt. In dem unentwegten Versuch, Glück und Zufriedenheit einerseits und die Optimierung der eigenen verkaufbaren Arbeitskraft andererseits zu vereinen, organisieren die Einzelnen ihre selbstbestimmte Fremdbestimmung individuell. Das emblematische Beispiel für eine programmierte fremdbestimmte Selbstbestimmung ist die Quantified-Self-Bewegung, deren Mitglieder als Selbstvermesser alle möglichen Gesundheits- und Fitness-Apps nutzen, um sich selbst digital kennenzulernen und mit anderen um die Optimierung von Fitness und Vitaldaten zu wetteifern. Ihr Motto ist: »Knowledge by numbers« – »Selbsterkenntnis durch Zahlen«. Ihr »Lifelogging« und »Self-Hacking« ver-

44 Vgl. Eva Illouz 2003. Der Konsum der Romantik. Liebe und die kulturellen Widersprüche des Kapitalismus. Frankfurt am Main/New York, Campus.

gleicht die Daten permanent mit anderen, erzeugt ein entsprechend quantifizierendes und vergleichend-konkurrentes Selbstverständnis von Verbesserung und Optimierung. Aus einer kritischen Perspektive ließe sich sagen, sie seien genötigt durch die unsichtbar-allgegenwärtige Hand der neoliberal entfachten Märkte; doch ihnen selbst erscheint die Wahl der Mittel als eine freie Wahl. Damit stellt sich die Frage, ob die heutige Realität der reichsten Länder nicht in mancher Hinsicht und für viele in der Bevölkerung die alten Utopien hinsichtlich Normierung und Rigidität überholt hat. Wie in den Utopien der Vergangenheit vorausgesetzt, funktioniert die Programmierung auf Basis der Unterwerfung unter die gegebenen Regeln. Nur dass die selbstoptimierende Einfügung in die Regeln nur für eine Minderheit den gewünschten Erfolg bei der materiellen Absicherung der Glückssuche bringen kann.

Eines lässt sich zumindest eindeutig feststellen: Im Zuge von Gentechnik, der vielleicht möglichen Menschenzucht durch Gen-Editing wie CRISPR/Cas (wie die Grenzüberschreitung chinesischer Forscher 2018 gezeigt hat)[45] und der allgegenwärtigen Steuerung durch Algorithmen der künstlichen Intelligenz sind die (nicht-utopischen) Zukunftsszenarien radikal auf die rein optimierende Zurichtung des Menschen ausgerichtet. Technikenthusiasten wie Kurzweil träumen

45 Vgl. https://www.nature.com/magazine-assets/d41586-018-07545-0/d41586-018-07545-0.pdf.

seit Langem davon, ewig zu leben. Für das Jahr 2099 prognostiziert Kurzweil: »Der Begriff Lebenserwartung hat für intelligente Wesen keine Bedeutung mehr.«[46] Allerdings gibt es auch keine Menschen im heutigen Sinne mehr, denn der menschliche Geist ist längst digital vervielfältigt; was zugleich bedeutet, dass er auf das reduziert wird, was digitalisiert werden kann. Das Bewusstsein ist nicht mehr an das menschliche Gehirn gekoppelt, denn dieses würde sich als Relikt der Evolution erweisen. In den Visionen der Optimierung ist der Wettbewerb vollständig von Zielen entkoppelt; es geht nur noch um das Höher, Schneller und Weiter als solches, nicht um den Nutzen für ein gutes Leben. Kurzweil und seine Apologeten haben keine Utopien entworfen. In ihren Zukunftsszenarien bleiben die Verhältnisse vielmehr dem Innovationspfad der gegenwärtigen Herrschaftsverhältnisse verhaftet. Doch in diesen Verhältnissen werden – so die Zukunftsvorstellungen – körperlose Intelligenzen im Universum überleben und sich um den Fortbestand des Universums kümmern.[47] Es handelt sich um eine quasireligiöse Erfüllung dessen, was die von Kurzweil und Co. personalisierte Evolution »will«. Aus dieser Zukunft betrachtet, in der die Evolution von der Theorie zum Subjekt geworden ist, wird der Mensch zum Störfall: verbraucht zu viel Energie für zu wenig Leistung (im Verhältnis zu den zu-

46 Ray Kurzweil 2016, S. 9.
47 Vgl. ibid., S. 399.

künftigen Computern) und kann damit nur als ein Zwischenstadium der Evolution eine Berechtigung auf dem Weg zu einer weiteren Optimierung haben. Obwohl das menschliche Selbst seine vulnerable körperliche Hülle verlassen soll, soll es weiterhin wollen können, wie es nur sterbliche lebende Wesen tun.[48] Damit ist die Idee der transhumanistischen Aufrüstung eine verzweifelte Antwort darauf, immer weniger mit den Maschinen, mit der physischen Stärke der Roboter und mit der kognitiven Stärke der künstlichen Intelligenz – die nicht durch Geburt in die Welt kommt – mithalten zu können.

Doch die Gebürtigkeit des Menschen, so Hannah Arendt, »das Anfangen eines Wesens, das selbst im Besitz der Fähigkeit ist, anzufangen«,[49] die radikale Zufälligkeit eines jeden Menschen ist die Voraussetzung für die Freiheit im Anfangen-Können. Was Arendt als Natalität fasst, wird nicht ohne Grund aus den trans-

48 Ein Zwischenstadium für Transhumanisten ist die bis zur Unsterblichkeit angestrebte Langlebigkeit des zukünftigen Menschen, die zu einer paradoxen Einhegung des Lebensstils führen würde, wie der Historiker Yuval Noah Harari ausführt: Da die Langlebigkeit nur biotechnologisch Krankheiten eliminieren würde, blieben Unfälle und Bomben ein Todesrisiko. So würden die reichen Langlebigen die Ängstlichsten werden; bedacht darauf, ihr Leben nicht durch aufregende Aktivitäten aufs Spiel zu setzen. Yuval Noah Harari 2017. Homo Deus. Eine Geschichte von Morgen. München, C.H. Beck, S. 40.

49 Hannah Arendt 1967/2002. Vita activa oder Vom tätigen Leben. München, Piper, S. 216.

humanistischen Szenarien ausgeblendet und könnte ein emblematischer Dreh- und Angelpunkt von Denkexperimenten der Zukunft sein: Die Freiheit des Anfangen-Könnens ist Teil einer tatsächlichen Zukünftigkeit, einer Denk- und Handlungsbewegung, die daraus ausbrechen kann, immer mehr vom immer Gleichen anzustreben; die in der Lage ist, neu zu imaginieren und neu zu beginnen. Selbst wenn das Wachstumsparadigma auch für die Überflussgesellschaften des globalen Nordens immer noch mehr (grünes und smartes) Wachstum als Bedingung für die eigene politische Fortexistenz postuliert, sind die Glücksversprechen des materiellen Reichtums schon längst am Einstürzen. Die utopische Kontroverse um das, was den Menschen ausmacht, ob es die Sozialisierung ist oder ein vorgängig konfiguriertes Wesen, und in welchem Verhältnis Konkurrenz und Kooperation stehen, ist zum Erliegen gekommen. Was daher aussteht, sind Gedankenexperimente, die auf der Höhe des heutigen Wissens experimentell und hypothetisch ausloten, was möglich sein könnte und was nicht möglich sein könnte oder sollte. Es scheint paradox, dass in der Multioptionsgesellschaft zugleich das offensive Suchen nach Entfaltungsmöglichkeiten, nach sinnvollem Handeln verschwindet und durch die defensive Suche danach ersetzt wird, unter wachsendem Konkurrenz- und Beschleunigungsdruck im Bestehenden überhaupt noch einen Ort zu finden. Was wir feststellen können, so Georg Friedrich Haas, ist ein

Verlust der großen Ansprüche an die Selbstentfaltung. »Wie ich jung war, wie ich ein Kind war, wie ich ein Jugendlicher war, hatte ich die Frage, was will ich werden.« Jetzt hingegen: »Die heutigen jungen Menschen haben die Frage, wo habe ich noch eine Chance? Und das verändert so fundamental und so tragisch!«[50]

Während die Transhumanisten mit ihren Zukunftsszenarien, die sie als gleichermaßen utopisch wie unaufhaltsam sehen, die Aufrüstung des Menschen als Schritt in der Evolution, als notwendige Waffe im Hochschaukeln der Konkurrenz und des Wettbewerbs sehen, geht es in einem utopischen Denken um jene Praxen, die die in den letzten drei Jahrzehnten massiv ausgeweitete Konkurrenz wieder relativieren. Was schwierig wird, wie der Ökonom Stephan Schulmeister darlegt, denn wir haben »heute eine viel größere Dominanz des neoliberalen Denkens (…) und dementsprechend schwieriger wird gewissermaßen der Ausgang des Menschen aus der selbstverschuldeten Marktreligiosität sein«. Selbst wenn die Stadt Wien durch eine Vielzahl von Projekten »der Charakterdeformation der neoliberalen Spielanordnung entgegensteuert«, so würde »dieser psychologische Aspekt der Folgen ökonomischer Theorien wird noch immer zu wenig betont«. Es ist unklar, wie sehr sich das Verhalten von Menschen im Alltag verändert, wenn über Jahrzehnte eine Welt-

50 Interview mit Georg Friedrich Haas.

anschauung dominiert, die sagt, »wenn jeder nur seinen Ellbogen herausfährt und seinem Eigennutz dient, dann wird die unsichtbare Hand des Marktes ohnehin alles zum Besseren lenken«. Dieses System ist zugleich eine sich selbst erfüllende Hypothese. Dem gegenzusteuern würde zunächst bedeuten, Projekte zu realisieren, in denen das Andere schon jetzt gelebt wird. Was vorerst nur im Kleinen geht: in Gemeinschaftsgärten beispielsweise, in Gartenanlagen, die die Bewohner selbst betreuen, »alles Dinge, die das Gemeinschaftliche stärken würden«.[51]Die Praxisrelevanz des Erkennens zeigt das ambivalente Verhältnis von Exklusivität und Verallgemeinerbarkeit; sie macht auch den angesprochenen Unterschied zwischen dem utopisch gedachten Menschen der Zukunft und dem strukturkonservativen Transhumanisten aus: die Frage danach, ob das Potenzial der emanzipatorischen Selbstveränderung für alle gedacht wird, oder ob Darwin zur Handlungsanleitung für einen vermeintlich immer vorhandenen Kampf ums Überleben verdreht wird.

51 Interview mit Stephan Schulmeister.

Drittes Prinzip: Warum Luxusinseln und Gated Communities keine utopischen Orte sind – Utopien müssen für alle gelten können

Wenn das eigene gute Leben auf Kosten anderer gelebt wird, so handelt es sich um keine verallgemeinerbare Utopie. George Orwell problematisierte im Jahr 1947 in einem Essay die starke Gleichsetzung von Sozialismus mit materiellem Wohlstandsversprechen, mit höheren Löhnen, kürzeren Arbeitszeiten, besseren Häusern und einer umfassenden Sozialversicherung. Schließlich sei es »keineswegs sicher, dass wir uns diese Dinge leisten können, wenn wir die Vorteile, die wir aus der kolonialen Ausbeutung ziehen, aufgeben«.[52] Seit die planetaren Grenzen des Wachstums überdeutlich geworden sind, ist klar, dass es sich bei der Wohlstandsmehrung im globalen Norden um eine imperiale Lebensweise handelt[53], die sich auf Kosten des globalen Südens als Externalisierungsgesellschaft[54] konstituiert hat. Eine utopische Alternative, die an ihrer globalen Verallgemeinerungsfähigkeit zu messen ist, müsste diese Externalisierungspraxen (sowohl global als auch

52 George Orwell 1947. Toward European Unity. Partisan Review, 14(4), 346–351, S. 349 (eigene Übersetzung PSR).

53 Ulrich Brand und Markus Wissen 2017. Imperiale Lebensweise. Zur Ausbeutung von Mensch und Natur im globalen Kapitalismus. München, oekom.

54 Stephan Lessenich 2016. Neben uns die Sintflut. Die Externalisierungsgesellschaft und ihr Preis. Berlin, Hanser.

innerhalb von Staaten, Regionen und Städten) zu verhindern wissen.

In diesem Sinne ist die Vielzahl von privaten paradiesischen Rückzugsinseln, in denen Luxus und Freiheit auf Ausbeutung und Unfreiheit anderer beruhen, das Gegenteil einer politischen Utopie. »Seasteading«, künstliche Luxusinseln auf internationalen Gewässern, sind die neueste Erfindung dieser Art. Einige Superreiche, an der Spitze der Silicon-Valley-Milliardär und Trump-Unterstützer Peter Thiel, arbeiten daran, private, exterritoriale schwimmende Städte zu etablieren. Es sollen libertäre Paradiese werden, frei von den Gesetzen und Einschränkungen existierender Staaten. Hier könnten die Superreichen aus aller Welt dann Sklaverei einführen und sich private Armeen zum Schutz ihres Reichtums zulegen. Im Kino haben solche menschenrechtsfreien Zonen schon lange einen Platz in James-Bond-Filmen, wo die Schurken von solchen fernen Inseln aus agieren. Für den Utopie-Forscher Richard Saage gelten nur Entwürfe von Gesellschaften, die aus der begründeten Kritik der bestehenden sozio-ökonomischen Verhältnisse und Institutionen heraus eine »rational nachvollziehbare Alternative« entwerfen, als politische Utopien.[55] In seiner umfangreichen Geschichte der politischen Utopien zeigt er zugleich, wie sich die Ansprüche an das gute Leben und die korres-

55 Richard Saage 2003.

pondierenden utopischen Vorschläge wandeln. Was aber macht die politische Utopie der Zukunft aus, die in ihrem Experimentalsystem der technologischen Beschleunigung, der Globalisierung und den planetaren Grenzen des Wachstums gerecht wird? Schließlich steht bisher die auf Beschleunigung und Wachstum ausgerichtete Handlungsmacht weniger (zumeist hierarchisch organisierter) Weltkonzerne in einem eklatanten Widerspruch zu demokratischen, zeitintensiven Mechanismen eines inklusiven politischen Handelns. Die Zeitdimension spielt auch dort eine Rolle, wo das individuelle und kurzfristige Streben im Alltagsleben dem entgegensteht, was über glücklichere Gesellschaften bekannt ist: Eine hohe Einkommensungleichheit steht dem Glück entgegen, Menschen sind glücklicher in Gesellschaften mit weniger extremen Einkommensunterschieden. Doch die Einkommensungleichheit hat in den letzten Jahrzehnten in fast allen Weltregionen zugenommen, da riesige Mengen an öffentlichem Vermögen in private Hände transferiert wurden und Politik damit einen schwindenden Spielraum hat, der Kluft entgegenzuwirken.[56] Oder, wie es die Philosophin Isolde Charim mit Bezug auf den World Happiness Report zusammenfasst: »Letztendlich sind gerechtere Gesellschaften glücklichere Gesellschaften für alle! Nämlich auch für die Reicheren. Das geht in die Richtung, dass

56 Vgl. Thomas Piketty 2014. Das Kapital im 21. Jahrhundert. München, C. H. Beck.

man da keine Moral braucht und keine Tugend«[57], sondern das Eigeninteresse adressieren kann. Was allerdings voraussetzt, dass es eine Erwartung und ein Vertrauen in eine zukünftig gerechtere Gesellschaft gibt.

In der Geschichte der Utopien finden sich erfreuliche Welten, die sich auf die eine oder andere Weise nicht verallgemeinern lassen; sie firmieren als utopisch, weil sie Momente enthalten, die im Labor des Utopischen die Versuchsanordnung bereichern.[58] So zählt die Welt der Abtei Thelema[59] dazu, in der ein luxuriöses und freies Leben genossen wird, wiewohl selbiges nicht für alle gilt; denn das Leben im Überfluss braucht viel Personal. François Rabelais hat in seiner Erzählung von Gargantua und Pantagruel aus dem Jahr 1537 die Abtei Thelema als eine Gegen-Welt und ein Gegenkloster seiner Zeit entworfen. In der satirischen Umkehrung klösterlicher Regeln lautet das Motto der Abtei: »Tu, was dir gefällt«, ein Motto, das als anarchistisch gilt. Was Rabelais bietet, ist zwar keine Utopie im Sinne der Verallgemeinerbarkeit, doch er entwirft das Leben einer feudalen Aristokratie, die von der materiellen Re-

57 Interview mit Isolde Charim.

58 So zum Beispiel die »gleißende Welt«, in der Margaret Cavendish im 17. Jahrhundert hybride Wesen von Bärenmenschen bis Wurmmenschen erfindet, um letztlich die Aspekte des Menschlichen zu ergründen: Margaret Cavendish 1668/2001. Die gleißende Welt. München, Scaneg.

59 Vgl. François Rabelais 1537/2003. Gargantua und Pantagruel. Frankfurt am Main, Insel.

produktion befreit ist und ebendiese Freiheit in ein Leben ohne Einschränkungen, ohne Uhren und Heuchelei umsetzt. Die Bewohnerinnen schwimmen in prächtigen dreistöckigen Bädern, spazieren durch das Labyrinth des Lustgartens und üben sich im Bogenschießen. In der handarbeitsintensiven Zeit der Renaissance beruht die Freiheit der Thelemiten auf der Arbeit der Bauern, Goldschmiede, Köchinnen und Dekorateure, die von frühmorgens bis spätabends den Luxus bereitstellen. Im Gedankenexperiment der geregelt-regellos lebenden Thelemiten wird zugleich die Ambivalenz der Zwanglosigkeit sichtbar, denn das aufeinander bezogene Miteinander ergibt sich aus der Abwesenheit äußerer Zwangsordnungen und entwickelt die Hypothese, dass die Freistellung von äußeren Zwängen dazu führt, sich in Freiheit miteinander zu erfinden (ohne dass Ausbrecher aus dieser Ordnung die anderen unterwerfen). Das Motto »Tu, was dir gefällt« braucht die Freiheit des Handelns, braucht den Ausbruch aus der Routine des Arbeitens, aus dem automatisierten Verhalten. Ließe sich das Gedankenexperiment der Rabelais'schen Abtei in einer technologisch denkbaren Welt der Automatisierung, künstlichen Intelligenz und Robotik verallgemeinern? Wenn immer weniger Menschen arbeiten müssen, wenn Roboter die Felder bestellen, die Verarbeitung, den Transport und das Recycling von Gütern aller Art übernehmen, dann stellt sich die Frage eines utopischen Gedankenexperiments, in dem die sanktionierenden Gesetze und Zwangsmaßnahmen fallen, damit die vom Zwang gelösten Individuen »nach eigenem freien Beschluss«[60] Regeln setzen, die durch eine wechselseitige Resonanz begründet und fortgeführt werden.

Jedes Gedankenexperiment, das auf dem »eigenem freien Beschluss« beruht, hat Überschneidungen mit der Idee der »realen Utopien«, Utopien, die im Heute entstehen und beispielhaft sein können oder sollen für ein generell verändertes gesellschaftliches Zusammenleben und Wirtschaften. Der Soziologe Erik Olin Wright[61] begreift das Utopische als experimentellen Prozess, in dem die Übertragbarkeit und Verallgemeinerbarkeit in schon vorhandenen Formen alternativen Lebens und Wirtschaftens erprobt wird. »Reale Utopien« sind keine Nicht-Orte, sind vorhandene Orte und Institutionen wie Wikipedia, Firmen wie die selbstverwalteten Mondragón-Kooperativen, aber auch die Initiativen für ein bedingungsloses Grundeinkommen. Die Vorstellung, dass Tausende von anonymen Autorinnen gemeinsam und unentgeltlich eine umfassende Enzyklopädie entwickeln können, hätte noch zehn Jahre vor ihrer Existenz als unrealistisch gegolten. Bei aller berechtigten Kritik ist die Wikipedia ein Ort des kollaborativen Weltwissens, das die Bereitschaft von Menschen zeigt, ihr Wissen zu teilen. In der Weiter-

---

60 Ibid.

61 Erik Olin Wright 2017. Reale Utopien. Wege aus dem Kapitalismus. Berlin, Suhrkamp.

entwicklung von Wikipedia wird aus einer *gesellschaftlichen Perspektive* darüber verhandelt und gestritten, was wichtig, richtig und gültig sein soll, während sich in den sozialen Netzwerken wie Facebook oder Twitter *Gemeinschaften* um ihre unverhandelbaren (vermeintlichen) Wahrheiten sammeln.

Reale Utopien als Experimente des Verhandelns von verallgemeinerbaren Momenten und den Grenzen der Verallgemeinerbarkeit stellen in diesem Sinne emblematische Fragen. Die Auseinandersetzung darüber, wer das bedingungslose Grundeinkommen bekommen soll und wie hoch der damit verbundene Lebensstandard sein soll, ist konflikthaft, aber die nicht zu vermeidenden Konflikte sind zentral dafür, Formen des Handelns zu erproben.[62] Gerade das bedingungslose Grundeinkommen und die Frage nach der territorialen Ausdehnung eines solchen verweist auf die offene Frage nach der lokalen bis globalen Reichweite des utopischen Experimentalsystems. Was ist der Status der Experimente, die partiell Utopisches in der Praxis antizipieren? Schon die Namen verweisen auf das Spannungsverhältnis: die reale Utopie, die realisierbare Utopie, die Realutopie oder auch die realistische Vision. Die Realexperimente, die sich als Test eines utopischen Gedankenexperiments begreifen (oder als solche analytisch begriffen werden), bieten Räume, in

62 Ibid.

denen alternative soziale Praxen und ihre Tragfähigkeit getestet werden können. Allerdings sind sie immer in einem politischen Kontext gefangen, der sie einschränkt; stehen in dem Spannungsverhältnis zwischen dem »Ausstieg« aus der Gesellschaft und einer Transformation der Gesellschaft, in der sie existieren.[63] Doch die Alternativen sind vielleicht gerade wegen »ihres utopischen Überhangs realistischer als die realpolitischen Lösungen«, so Elmar Altvater. Denn sie verweisen auf Wege, auf denen »die Dominanz des Kapitalismus zurückgedrängt und möglicherweise überwunden werden kann.«[64]

In die Inselmetapher gefasst, sind die Inseln der Realutopien Orte des experimentellen Erprobens von gegenhegemonialen Praxen, die nicht exklusiv im Sinne des Ausschlusses sind; vielmehr auf Verbreitung und Inklusion gerichtet. Das Utopische besteht in der Möglichkeit der Verallgemeinerung als gesellschaftliches Projekt, das über parallele Gemeinschaften hinausgeht. Als Realutopie lässt sich auch Demokratie begreifen und um diese Realutopie steht es im Moment schlecht. Demokratie wird als Elitenprojekt wahrgenommen. Während dem Gros der Intellektuellen Demokratie, Toleranz und Offenheit als universelle Prin-

63 Ruth Levitas 2017. »Where there is no vision, the people perish: A utopian ethic for a transformed future.« https://www.cusp.ac.uk/themes/m/m1-5/.

64 Elmar Altvater 2017, S. 117.

zipien gelten, müssen Intellektuelle verstehen, wie sie von anderen wahrgenommen wird, gibt Isolde Charim zu bedenken: »Die nehmen uns wahr als geschlossene Gemeinschaft, an der sie nicht teilhaben können, aus der sie ausgeschlossen sind, und eben als Vertreter eines partikularen Standpunkts, und nicht als Vertreter des Universellen.«[65] Aus der Außenperspektive erscheint es, »und das ist wirklich eine bittere Schlussfolgerung, die einem zu denken geben muss, dass Demokratie zu einem Eliteprojekt geworden ist!«. Wenn das einst universell konzipierte Demokratieprinzip heute als Partikularinteresse begriffen wird, dann wird die Existenz universeller Prinzipien insgesamt infrage gestellt, doch die breite Anerkennung von universellen Prinzipien ist eine zentrale Voraussetzung für jede politische Utopie, die nicht nur ein privates Unterfangen einer begrenzten Partikulargemeinschaft ist.

Unter der Selbstzuschreibung von Demokratie lebt der globale Norden auf Kosten des globalen Südens, und die Kapitaleigentümer bereichern sich auch hierzulande wie gehabt auf Kosten derer, die nur ihre Arbeitskraft verkaufen können. Dies dürfte dazu beitragen, dass Demokratie als Elitenprojekt begriffen wird und daher für ein verallgemeinerbares Denkexperiment selbst neu gedacht werden muss. Externalisierung findet auch innerhalb der Metropolen statt, bedeutet letztlich

65 Interview mit Isolde Charim.

immer, auf Kosten anderer die eigenen Lebensentwürfe in einer Weise zu realisieren, die nicht verallgemeinerbar ist. Eines der emblematischen Zeichen dafür ist die »Rückkehr der Diener«[66], die heute nur selten als fest angestelltes Personal erscheinen. Vielmehr können die häuslichen oder haushaltsnahe Dienstleistungen von Kindermädchen, Altenpflegern, Paketboten und Putzfrauen mühelos über digitale Serviceplattformen gebucht werden. Dass die Dienerinnen zumeist unterbezahlt und zu schlechten Arbeitsbedingungen tätig sind, ist die externalisierte Seite der Vorzüge der Always-online-Gesellschaft mit ihrer 24/7-Bestellmentalität, die eben nicht nur Elektronik mit Sklavenarbeit in China umfasst, sondern auch die formal freie und doch feudalistische Ausbeutung nicht nur in New York, sondern auch in Wien. Karl Marx schrieb, dass der Geldbesitzer den freien Arbeiter auf dem Warenmarkt vorfinden muss, »frei in dem Doppelsinn, dass er als freie Person über seine Arbeitskraft als seine Ware verfügt, dass er andrerseits andre Waren nicht zu verkaufen hat, los und ledig, frei ist von allen zur Verwirklichung seiner Arbeitskraft nötigen Sachen.«[67] Dies gilt heute in einer extremen Form mit der Tendenz zu einer Reputationsökonomie, in der vom migrantischem Putzmann bis zur etablierten Akademikerin jede und jeder unentwegt be-

66 Christoph Bartmann 2016.
67 Karl Marx 1867/1962. Das Kapital. In: MEW (Karl Marx, Friedrich Engels, Werke), Bd. 23, S. 182.

wertet wird und der entsprechende »score« bestimmt, ob ein Job, ein Kredit oder eine Krankenversicherung überhaupt in greifbare Nähe kommen. Jede und jeder wird mit jeder und jedem in einen Wettbewerb getrieben, während zwischen Leistung und Erfolg selten unterschieden wird, obwohl es eine eklatante Verschiebung vom Leistungswettbewerb zu einem auf Konkurrenzerfolg zielenden Wettbewerb zu verzeichnen gibt.[68] Diese Form von Wettbewerb zieht Ohnmachtserfahrungen nach sich; schon weil sie Einzelne atomisiert und sie in der Vereinzelung nicht an der Verhandlung der Bedingungen der steten Bewertung teilhaben, die ihre Zukunftschancen schnell minimieren können. Eine verallgemeinerbare Utopie müsste dagegen auf dem Prinzip begründet sein, dass alle, die mit den Folgen einer Entscheidung konfrontiert sind, gleichberechtigt an deren Zustandekommen mitwirken, während zugleich die Rechte von Minderheiten geschützt sind. Eine solche Ordnung der Gesellschaft müsste damit sowohl lokal als auch global sicherstellen, dass Menschen nicht auf Kosten anderer und auf Kosten der Natur leben und wirtschaften. Dabei handelt es sich jedoch um ein Prinzip, das dem der gewohnten imperialen Lebensweise[69] diametral entgegengesetzt ist. Wenn Utopien für alle

---

68 Vgl. Hartmut Rosa 2006. »Wettbewerb als Interaktionsmodus. Kulturelle und sozialstrukturelle Konsequenzen der Konkurrenzgesellschaft.« In: Leviathan (1/2006): 82–104.

69 Vgl. Brand und Wissen 2017.

gelten können müssen, dann können utopische Denkexperimente Einzelner zwar die Grundlage für einen praxisorientierten politischen Diskurs bieten, doch auch die Utopie selbst braucht die Erweiterung demokratischer Räume, braucht die öffentliche Debatte darüber, wie wir in Zukunft handeln, produzieren und konsumieren wollen, ohne auf Kosten anderer zu leben.

Viertes Prinzip: Vom individuellen Wünschen zum kollektiven Können – Utopie als Designprinzip der Welterfindung

Das utopische Gedankenexperiment über eine mögliche bessere Zukunft überschreitet das Paradiesdenken und die fantastischen Welten der Science-Fiction dahin gehend, dass die Utopie den Anspruch hat, auf dem kollektiven Können statt auf neuen Naturgesetzen und dem individuellen Wünschen zu beruhen. Eine politische Utopie vertritt die These, dass der dargestellte utopische Zustand auf dem menschlichen *Können* beruht. Es ist nicht nur das *Wünschen*, es möge anders sein, es ist das Vermögen des Handelns in *der gemeinsamen Welt öffentlicher Angelegenheiten*, das etwas fundamental ändern kann.[70] Aber sind Utopien nicht

70 Vgl. Hannah Arendt 1967/2002.

auch handlungsferne Wünsche nach einem besseren Menschen und schaffen sie nicht Welten, die andere oder domestizierte Menschen brauchen, um dauerhaft zu bestehen? Aus der heutigen Perspektive sind die Utopien der Vergangenheit dann doch politische Domestizierungsapparate mit begrenzten Handlungsspielräumen. Doch gleichzeitig sind sie der praktisch gewordene normative Anspruch, mit dem Kant die Aufklärung zuspitzte, als er im Jahr 1784 postulierte: »Habe Muth, dich deines eigenen Verstandes zu bedienen.«[71] Damit lässt sich auch die Denkbewegung der Utopien charakterisieren, denn auch wenn das utopische Denken der Vergangenheit in Traditionen verhaftet war, so wagten die Experimentatoren doch, wissen zu wollen, was sie nicht wissen sollten oder wollten. Das Wagnis der Eigenverantwortlichkeit und der Autonomie, ist selbst in jene Utopien eingeschrieben, die später – sehr zu Recht – als autoritär charakterisiert wurden. Der jeweils vorgefundene zeitgenössische politische Zustand – und das wird in der Kritik der alten Utopien nur zu oft vergessen – war so brutal und grausam, dass es ein intellektuelles Wagnis war, zu denken, wie die menschlichen Angelegenheiten gerechter geordnet werden könnten. Und zwar gerechter geordnet werden können durch das Können, Vermögen

71 Immanuel Kant 1784. Beantwortung der Frage: Was ist Aufklärung? In: Berlinische Monatsschrift (4): 481–494, S. 481.

und Handeln der Menschen, die menschlichen Angelegenheiten im Sinne aller gemeinsam zu organisieren. In den etatistischen Utopien ist freilich diese Organisation des Wohls aller ein für alle Mal vorkonfiguriert und wird durch eine Elite unhinterfragbarer Autoritäten am Laufen gehalten, aber eben niemals partizipativ neu verhandelt: daher eine autoritäre Verewigung von nicht hinterfragbarer Herrschaft.

Ein Neuanfang ist immer einfacher als die Transformation von bestehenden, wirkungsmächtigen Institutionen, und so sind die frühen Utopien auf fernen Inseln ohne Kontakt mit der zeitgenössischen Welt angesiedelt. Spätere Entwürfe projizieren die eigene Gesellschaft in die Zukunft. Louis-Sébastien Mercier geht einen entscheidenden denkexperimentellen Schritt, als er die Zeitreise eines Menschen aus dem Paris des Jahres 1769 in das Paris von 2440 imaginiert.[72] Allerdings herrscht im Paris der Zukunft nach wie vor ein König, die Menschen fahren noch immer in Pferdewagen, und so bietet sein Gedankenexperiment wenig Neues außer eben jener Zeitreise: Die Monarchie, die Menschen und das Leben werden besser, ohne dass sich die Rahmenbedingungen ändern. Einfach weil sich die Vernunft durchsetzt. Doch sein inhaltlich und politisch banales Gedankenexperiment bringt ein heute unhintergehbares Element in das utopische Experimentalsystem ein, denn

72 Vgl. Louis-Sébastien Mercier 1771/1982. Das Jahr 2440. Ein Traum aller Träume. Frankfurt am Main, Suhrkamp.

es kommt zum »Einbruch der Zukunft in die Utopie«.[73] Mercier schreibt nicht, wie das kommende Paris sein soll, sondern beschreibt, wie im Paris der Zukunft gelebt wird. Wer seit Mercier eine Welt, einen Staat oder eine Stadt experimentell in die Zukunft versetzt, braucht eine plausiblere Erklärung, welches kollektive Handlungsvermögen es möglich macht, von der kritisierten Gegenwart in die bessere Zukunft zu kommen. Gerade weil die Zukunft unkontrollierbar ist, stellt das utopische Gedankenexperiment die Frage nach der zeitgenössisch plausiblen Dynamik, die eine entscheidende Veränderung bewirken würde. In ihrer gesellschaftsdiagnostischen Frage nach den maßgeblichen Institutionen, die für Ausbeutung und Gewalt verantwortlich sind, und der Suche danach, welche andere Institutionen ihnen entgegengestellt werden könnten, sind Utopien nicht fiktiv, obwohl sie real nicht existieren.[74] Bei Mercier ist die Zukunft von Paris konkret, doch der Weg dahin abstrakt; es ist, als könnte sich die Idee der Aufklärung durchsetzen, ohne dass es Institutionen und Praxen braucht, die das andere Leben überhaupt ermöglichen. Wir sehen Paris im Jahr 2440 als wohlgeordnete, saubere Stadt mit geringeren sozialen Gegensätzen, in die Vernunft und

73 Reinhart Koselleck 1985. Die Verzeitlichung der Utopie. In: Utopieforschung. W. Voßkamp. Frankfurt am Main, Suhrkamp.

74 Vgl. Fredric Jameson 2004. »The Politics of Utopia«. In: New Left Review (25): 35–54.

guter Wille der Herrschenden eingezogen sind. In den Worten von Mercier, der sie einen Weisen aus der Zukunft sagen lässt: »Trotz des Leichtsinns, der unter den Leuten in eurem Jahrhundert die Regel war, hatte man doch vorausgesehen, dass die Vernunft eines Tages große Fortschritte machen würde. Nun sind die Folgen davon greifbar geworden, und die glücklichen Grundsätze einer weisen Regierung sind die erste Frucht der Neuordnung gewesen.«[75] Dass sich die Vernunft einfach so durchsetzen wird und es nur noch gilt zu zeigen, wie diese vernünftige Welt aussehen wird, bleibt nicht lange der Stand des utopischen Experimentierens.

Die Utopien der Industriegesellschaft im 19. Jahrhundert wollen mit ihrem Experimentalsystem nicht länger auf das Gedankenexperiment beschränkt sein; einige streben nach einem Pilotprojekt der Erprobung. Dann allerdings zeigt sich: Im privaten und politischen Leben kann es widersprüchlich bis verhängnisvoll sein, nach Verhältnissen zu streben, deren Erreichen den sicheren Ruin der eigenen Lebensweise bedeutet. Dafür mögen exemplarisch das Leben und das Werk des Abenteurers und Projektmachers Henri de Saint-Simon stehen: In seinen Schriften vergöttert er die Produktion und die Produzenten, seien es Fabrikanten, Handwerker, Kaufleute, Pächter von Gütern, und erklärt Adelige, Hofleute, Minister und Geistliche für

75 Louis-Sébastien Mercier 1771/1982.

überflüssig.[76] Er selbst nutzt die Enteignung des Klerus in der Französischen Revolution für umfangreiche Bodenspekulation; kauft von den Gemeinden en bloc Kirchenbesitz auf und verkauft das Land in kleinen Parzellen. Er gerät zwischen die politischen Fronten, kommt ins Gefängnis, kommt wieder frei; beginnt wieder neu mit seinen Geschäften.[77] Mit seinen Schriften, die die Potenziale der Industriegesellschaft für das utopische Experiment erschließen und mit der bisherigen Versuchsanordnung von Verzicht und Luxusfeindlichkeit brechen, gewinnt er zu Lebzeiten nicht die erwartete Bedeutung. Saint-Simons Utopie einer Industriegesellschaft jenseits des Klassenkampfs entwirft ein kollektiv-harmonisches Handeln, das keiner revolutionären Umwälzung der bürgerlichen Gesellschaft bedarf und wird damit anschlussfähig bis hin zu den Experimenten der selbstverwalteten Kollektive in der zweiten Hälfte des 20. Jahrhunderts. In seiner wirtschaftsliberalen Utopie gewährleistet der Staat die Rahmenbedingungen für die Produktion, damit die Marktakteure so viel wie möglich zu den geringsten Verwaltungskosten produzieren. Die Politik verschwindet in der wirtschaftlichen Organisation, indem die Ordnung der Fabrik auf die gesamte Gesellschaft übertragen wird. Bei Saint-Simon

76 Vgl. Henri de Saint-Simon 1957. Ausgewählte Texte. Berlin, Rütten & Loening.

77 Vgl. Richard Saage 1999. »Saint-Simons Utopie der Industriegesellschaft«. In: UTOPIE kreativ (102): 76–87.

ist somit nicht mehr das politische System repressiv, sondern vielmehr der Produktivismus.

Im 19. Jahrhundert werden Experimentalsysteme auch an tatsächlich existierende Orte versetzt. Der britische Unternehmer und Frühsozialist Robert Owen (1771–1858) besitzt im schottischen New Lanark eine der großen Baumwollspinnereien, in der er betriebliche Sozialreformen durchführt und die materielle und soziale Lage der Fabrikarbeiterinnen verbessert. Er vertritt in Reden und Schriften die Idee von dezentralisierten Produktivgenossenschaften. Ein Höchstmaß an Reichtum soll mit einem Minimum an schädlicher oder unangenehmer Handarbeit in kürzester Zeit und mit einem Minimum an Ressourcen produziert werden.[78] Im Kleinen gelingt ihm das Experiment, und mit den verbesserten Arbeitsbedingungen steigt die Produktivität so stark, dass Owen sein Vermögen beträchtlich erhöhen kann. Reich geworden, kauft er 1824 im US-Bundesstaat Indiana die Stadt Harmony, die fortan New Harmony heißt, um eine frühsozialistische Produktionsgenossenschaft zu gründen, die allerdings schnell scheitert. Den immer wieder genannten Hauptgrund für das Scheitern fasst seine Biografin Helene Simon schon 1905 folgendermaßen zusammen: »Sein Gleichheitsideal wurzelt in seinem demokratischen ebensosehr wie

78 Vgl. Robert Owen 1827. Das Soziale System. In: Das Soziale System. Ausgewählte Schriften (1988). Leipzig, Reclam: 5–76.

in seinem sozialen Empfinden. Er zählt zu den Naturen, die kein Grenzgefühl von Mensch zu Mensch kennen. Allein gerade diese tiefste demokratische Veranlagung gebiert, wenn Plan auf Plan im Zeitenstrudel scheitert, leicht den Autokraten. Wesenheit und Sinn der politischen Demokratie, die den Ausgleich sucht zwischen allgemeinen Menschenrechten und der unermesslichen Verschiedenheit der Individuen, ist ihr fremd.« Owen habe zwar eine »soziale Demokratie« errichten wollen, doch er scheiterte, »weil er seine Maßnahmen auf den Glauben an menschliche Fähigkeiten und Vollkommenheit stützte, anstatt auf Institutionen«.[79]

Einige Utopien des 19. Jahrhunderts erproben ihr Gedankenexperiment insofern empirisch, als sie es als Realexperiment umsetzen. Bei Saint-Simon und Owen ist das wichtigste Kriterium der Angemessenheit ihres utopischen Denkens, dass sie meinen, experimentelle Rahmenbedingungen gefunden zu haben, die »funktionieren«, die machbar sind, die als Form des Social Engineering die erstrebten Umstände generieren sollen. Saint-Simon und Owen überwinden die Staatszentriertheit der alten Utopien, doch werfen sie gleich das Politische als solches aus dem Experimentalsystem. Gegen die Übermacht der staatlichen Ordnung in Utopien von Morus und Campanella setzen sie die völlige Abwesen-

79 Helene Simon 1905. Robert Owen. Sein Leben und seine Bedeutung für die Gegenwart. Jena, Gustav Fischer, S. 253 f.

heit des Politischen. Für seine Utopie der dezentralisierten Produktivgenossenschaften, die ein Maximum an Reichtum mit einem Minimum an ungesunder oder unbefriedigender Handarbeit erwirtschaften sollen, braucht der Fabrikant Robert Owen keine Institutionen. Für Saint-Simon wird der Markt dafür sorgen, dass immer mehr und besser produziert und konsumiert wird, und für das Funktionieren des Marktes wird eine demokratiefreie Verwaltungstechnokratie sorgen. Wenn genug materielles Wachstum für alle da ist, wenn die Verhältnisse im sozialen Mikroraum angenehm und vernünftig sind, dann erübrigen sich Institutionen zur Regelung der allgemeinen Angelegenheiten, die diese Bedingungen aufrechterhalten.

Da die Stadt der Zukunft durch Owen schon vorkonfiguriert ist, nur noch bewohnt werden soll, und er genau weiß, wie sie bewohnt werden soll, kommt das Experiment auch ohne staatlichen Zwang wieder schnell zu einem Ende, denn das gestaltende Können der zukünftigen Bewohner von New Harmony ist nicht gefragt. Sie kommen mit den Wünschen nach einem besseren Leben und sollen letztlich dankbar annehmen, was ihnen an Gutem in der Produktionsgenossenschaft geboten wird. Und doch bietet das Experiment der sozialen Demokratie von unten, in der Arbeit rationalisiert, Wohlstand verallgemeinert und Politik abgeschafft wird, eine Gegenwelt zur seinerzeitigen Ausbeutung, sozialen Polarisierung und zu den politischen Kämpfen und Eskalationen in

Europa. Auch wenn die konkreten Experimente scheiterten, so hat mit ihnen die Verquickung von utopischem Gedankenexperiment und Realexperiment einen weltweit beachteten Anfang gesetzt. Und die Gedankenexperimentatorinnen des 19. Jahrhunderts wollten den Menschen nicht mehr durch Zähmung vervollkommnen, vielmehr durch Entfaltung dessen, was bisher unterdrückt war. Doch was sind die weißen blinden Flecken der Industrialisierungsutopien des 19. Jahrhunderts? Die antipolitischen Industrieutopien waren blind dafür, dass diejenigen, die in den utopischen Experimenten leben, ebenfalls ein Begehren nach Zukünftigkeit haben, nach der Freiheit des Handelns, den verhüllten Zukünften, die sich erst aus dem ergeben können, was in der Utopie schon erreicht ist. Die Veränderung der Verhältnisse verändert die Denk- und Handlungsmöglichkeiten und muss damit in Konflikt mit vorgestanzten Lebensweisen geraten. Zum Zweiten das Folgende: Wenn der reale Raum des utopischen Experiments keinen politischen Raum für die Weiterentwicklung bietet, keinen Raum des Weiterexperimentierens, dann schwindet entweder die Begeisterung, die Utopie mitzugestalten: oder diejenigen, die selbst aktiv in der utopischen Dynamik sein wollen, verschwinden, da der Raum des Utopischen in seiner realen Gestalt zu einem Gefängnis von Regeln wird. Wer dankbar sein muss, bei einem utopischen Experiment dabei sein zu dürfen, kann das Experiment Utopie nicht weiterführen. Im realen utopischen Experiment wird schnell sichtbar, was der Status derer ist, die es leben (sollen): Sind sie die Laborratten, die sich im experimentellen Arrangement entsprechend der Theorie verhalten sollen, oder ist das Labor ein Raum der gemeinsamen Regelung menschlicher Angelegenheiten, den alle nach den geteilten Grundsätzen weiterentwickeln?

Hannah Arendts Diktum »Der Sinn von Politik ist Freiheit« ist eigentümlich eingefangen im utopischen Denken: Etwas anzufangen, das sich auf ein verändertes Miteinander in der gemeinsamen Regelung der menschlichen Angelegenheiten richtet, setzt eine überraschende Dynamik in Gang; es garantiert keineswegs, dass etwas nachher besser wird; doch es kann disruptiv den bisherigen Gang der Dinge unterbrechen. Dass eine schwedische Schülerin, die sich vor das Parlament setzt, um für den Klimaschutz zu protestieren, damit binnen eines Jahres eine weltweite Bewegung für ein neues gesellschaftliches Naturverhältnis initiieren könnte, auf die sich auch diverse Staatsoberhäupter beziehen, wäre im Frühsommer 2018 als unmöglich erachtet worden. Doch mit der Klimaaktivistin Greta Thunberg ist genau dieses überraschende Ereignis eingetreten. Es ist dieser Kontrollverlust, der Geschichte ausmacht und den die meisten historischen Experimentatorinnen des Utopischen aus ihrer experimentellen Anordnung ausschließen wollten. Das Vermögen zu handeln – statt sich nur zu verhalten, zu produzieren und zu konsumieren – war vielfach die Leerstelle der Utopien der Vergangenheit. Für das utopische Gedankenexperiment der Zukunft ist das Handeln, das Anfangenkönnen, die ontologische Vervielfachung eine Grundbedingung. Denn mit Individualisierung und Pluralisierung, mit der weltweiten und sofortigen Verfügung über globale Wissensbestände und mit dem Wissen um Diversität geht eine Vervielfachung von denkbaren Welten einher. Diese Vervielfachung wirft die Frage nach der Universalität auf. Sind es nur sich selbst gruppierende und sich partikular bestätigende Gemeinschaften, oder lässt sich darin eine Gesellschaftlichkeit ausmachen, die über die Vielzahl der Gemeinschaften hinausgeht? Das »Problem bei der Pluralisierung ist«, so Isolde Charim, »dass dahinter kein politischer Wille steckt«, dass dahinter kein Projekt stand. Darum wird die Pluralisierung »in gewisser Weise [als] eine Ohnmachtserfahrung gedeutet«. In diesem Kontext erleben wir »einen Rückfall von allem, was gesellschaftlich ist, was die Gesamtheit umschließt, in eine Vielzahl von Gemeinschaften, wo man sich auch zurückzieht auf etwas sehr gemeinschaftlich Prägendes, also auch auf viel engere Bindungen an Gemeinschaften, die sich aber gegeneinander abschotten!« Dabei braucht die Gesellschaftlichkeit »kein emphatisches Miteinander«; vielmehr kann eine Gesellschaft »ruhig auch bei einer etwas niedrigeren Betriebstemperatur funktionieren«, braucht kein emphatisches Wir, vielmehr »brauchen wir eine Abkühlung und nicht eine Erhitzung von

Gesellschaft«.[80] Statt auf Tugend und Moral zu setzen, geht es also darum, einen Modus von Gerechtigkeit zu schaffen. Bei diesem Modus stellt sich dann die Frage des politischen Ortes des Handelns; eine Frage, die immer öfter das Handeln auf der Ebene der Städte verortet. Die Stadt als Ort des politischen Handelns erscheint groß genug für kollektives Handeln und überschaubar genug für eine individuelle und kollektive Wirksamkeit. Oder wie es der Wiener Jugendarbeiter Ali Gedik formuliert: »Ich träume von einer Union europäischer Städte. Dass wir nicht mehr diskutieren, wir sind Österreicher, West/Ost usw., sondern wir sind Europäer. Wir sind halt ein kleiner Teil von diesem großen Europa.«[81]

Fünftes Prinzip: Utopie statt Dystopie – Konflikt und Veränderung als Treiber der Utopie von Morgen

Im Jahr 1948 entwirft der Verhaltenspsychologe Burrhus Frederic Skinner in seinem utopischen Roman »Walden Two« das Bild einer verhaltenspsychologisch gesteuerten Zukunftsgesellschaft. Die Gesellschaft, die auf einer dezentralisierten und ökologischen Wirtschaft beruht, pflegt einen Lebensstil, in dem der Konsum

80 Interview mit Isolde Charim.
81 Interview mit Ali Gedik.

durch subjektiv befriedigende Arbeitsverhältnisse ersetzt wurde. Kindererziehung, Bildung, Arbeit, Kultur und Freizeit sind in Skinners fiktiver »Walden«-Kolonie so organisiert, dass »positive Verstärker« die Einzelnen im Sinne des harmonischen und friedlichen Zusammenlebens lenken und leiten. Obwohl es keinen Zwang und keine Strafen gibt, sind Gewalt, Sucht und selbstschädigendes Verhalten aus der Welt verschwunden. Skinner schreibt: »Wir können eine Art Aufsicht ausüben, unter der die Beaufsichtigten sich frei fühlten, obgleich sie einem Kodex gehorchen, der viel genauer ist, als es je zuvor in dem neuen System der Fall war.«[82] Was sich heute als eine autoritäre, zwanghafte Kontroll-Dystopie liest, war für Skinner selbst eine Utopie. Im unmittelbaren zeitlichen Kontext von Shoah, Faschismus und Weltkrieg wurde dem friedlichen Zusammenleben alles andere untergeordnet. Nur zwanzig Jahre später, 1968, war die Forderung nach Freiheit und Demokratie elementar; Skinners Utopie zu einer Dystopie geworden. Die Abwehr von Konflikt, gepaart mit einer Sehnsucht nach genereller Harmonie zeigt in ihrer verwissenschaftlichten Form den Grundzug des autoritären politischen Denkens umso deutlicher.

Diese Abwehr von Konflikt zieht sich durch die Geschichte der Utopie, ist aber auch in der Gegenwart ein eigentümlicher Topos: Zwar ist der Umgang mit

82 Burrhus Frederic Skinner 1948/1970. Futurum II. Hamburg, Christian Wegner, S. 233.

Konflikten zu einer veritablen Dienstleistungsindustrie geworden, doch schwingt dabei zumeist die Vorstellung mit, dass sich die Konflikte doch vermeiden, ad acta legen lassen. Doch der Konflikt ist nicht nur unvermeidbar, sondern konstitutiv für gesellschaftliche Neuorientierung, für das Ungestüme, das Leidenschaftliche, das Verändernde. So gehört wohl neu betrachtet, was allen Utopien ein Dorn im Auge war und stillgestellt werden sollte: der Konflikt.

Das Utopische der einen Zeit kann genauso das Dystopische einer anderen Zeit sein. Im Kleinen zeigt sich das zum Beispiel an der Geschichte der Wiener Fußballkäfige. Im Gegensatz zu Käfigen in anderen Kontexten sollten die Wiener Fußballkäfige ein Mehr an Freiheit für Gruppen von Jugendlichen gewährleisten: Sie sind der offiziellen Regel nach allzeit allen frei zugänglich. Doch waren sie früher stärker umkämpft als heute: Welche Gruppe war in der Lage, das inoffizielle Vorrecht oder alleinige Recht auf einen attraktiven Käfig zu usurpieren und ihn damit der Nutzung durch andere zu entziehen? Ali Gedik beschreibt den konflikthaften Lernprozess in der Jugendarbeit, mit dem aus der Verteidigung des eigenen Territoriums das Entdecken von Austauschmöglichkeiten wird: »Durch die Mobilität, durch die Entdeckung anderer Orte, ist mehr Verständnis für den anderen da gewesen. Durch das Kennenlernen merkt jemand, im 16. Bezirk gibt es einen wunderschönen Käfig! Ganz anders gemacht, ganz modern usw.! Um aber dort zu spielen, muss er irgendwie in den Dialog gehen; von der Einstellung her auch offen sein, bereit sein, dass vielleicht ein anderer in seinem Käfig spielen darf! Das ist ein Prozess! Also ich verbinde das sehr stark mit der Mobilität; mit Kennenlernen, mit Begegnung, auch wenn das schwierig war am Anfang, und dass es dann langsam Veränderungen gegeben hat; auch in den Köpfen.«[83]

Die utopischen Gedankenexperimente imaginieren seit ihren Anfängen ein selbstbestimmteres Leben, auch wenn die Grenzen der Selbstbestimmung uns später Lebenden als unerträglich eng erscheinen. Als normative und politische Versuchsanordnungen sind die Utopien der Moderne darauf gerichtet, sich sowohl von Willkür und traditionellen (religiösen) Vorgaben als auch von materiellen Knappheiten und Beschränkungen zu befreien. Weder Kirche noch Monarch sollen das Leben unangemessen einschränken, und zugleich sollen die gesellschaftlichen Naturverhältnisse so organisiert werden, dass Klima und Natur für alle weniger einschränkend wirken. Gleichmäßige Verteilung von knappen Gütern oder auch die Vermehrung der materiellen Güter aller dienen diesem Ziel. Je weniger Zeit alle Menschen für die Erhaltung des Lebens aufwenden müssen, desto mehr Zeit bleibt ihnen für die Verwirklichung ihrer Neigungen, Fähigkeiten und Träume.

83 Interview mit Ali Gedik.

Sich nicht für den Luxus der Feudalherren totschuften zu müssen (Morus), religiöse Wahlfreiheit zu haben (Campanella), wissenschaftsbasiert die feinsten Genüsse zu kultivieren (Bacon)[84], frei in Bildungszugang und Berufswahl zu sein; das alles war Gegenstand der Utopien, die aus der heutigen Perspektive dennoch häufig als dystopisch geschlossen erscheinen. Denn je entwickelter die utopische Persönlichkeit ist, desto eher würde sie – nach heutigem Verständnis – die Grenzen des Korsetts der erzwungenen Gleichheit überschreiten wollen. Was fehlte, war der Wille, die beste aller Welten experimentell weiterzuentwickeln. Die Utopien blieben dort stehen, wo Francis Fukuyama die Welt am Ende der bipolaren Weltordnung sah: am Ende der Geschichte[85]. Doch Geschichte entsteht durch das Außerordentliche,[86] und Geschichte galt es in den meisten Utopien der Vergangenheit zu verhindern, um das Erreichte nicht zum Teil von Geschichte werden zu lassen. Diese Utopien stellten sich nicht der Überraschung, der ontologischen Vervielfachung durch das utopisch veränderte Bewusstsein und die utopisch neu denkbaren Handlungsmöglichkeiten. Nur in dieser Überraschung des Anfangen-Könnens aber hat das Experiment einer Annäherung an das beste Leben für alle

84 Francis Bacon 1627. Nova Atlantis. In: Der utopische Staat (2001). K. J. Heinisch. Reinbek, Rowohlt: 172–215.
85 Vgl. Francis Fukuyama 1992.
86 Hannah Arendt 2012.

überhaupt einen Sinn. Denn ohne das offene Anfangen-Können, das das Politische in der gemeinsamen Regelung der menschlichen Angelegenheiten ausmacht, enden die utopischen Annäherungen katastrophisch klaustrophobisch.

Kein Gedankenexperiment hat diese These stärker bewiesen als die als Dystopien angelegten berühmten Texte des 20. Jahrhunderts. Die Verfasser der Negativ-Utopien konfigurieren das Experimentalsystem des Utopischen neu, um die fatale Ungerechtigkeit zu imaginieren, die jeder geschlossenen und auf Unveränderbarkeit gebauten Ordnung inhärent ist. Kein Element der staatszentrierten Utopietradition wird mehr auf den experimentellen Prüfstand gestellt als ihr Anti-Individualismus. Der russische Revolutionär Jewgeni Iwanowitsch Samjatin entwirft in seinem 1920 publiziertem Roman »Wir« ein Leben in absoluter Transparenz und in rigider Zeitökonomie, in der die Einzelnen Teil einer Staatsmaschine werden, die dem »unzivilisierten Zustand der Freiheit« den Garaus macht. Aldous Huxley entwickelt in »Schöne neue Welt« (1932) das Paradies als Hölle: Mit Konditionierung und der Glücksdroge wird die Brutalität gegenüber Abweichlern den vollständig Konditionierten überlassen.[87] Wenn eine Ordnung unverrückbar ist, so die Dystopien, dann geht es um die Fortexistenz der Ordnung, dann wird der Mensch der

87 Aldous Huxley 1932/1985. Schöne neue Welt. Ein Roman der Zukunft. Frankfurt am Main, S. Fischer.

Ordnung geopfert. Wir müssen uns vorstellen, was passiert, wenn jemand aus welchen Gründen auch immer die Ordnung infrage stellt. Die Idee des Widerstands ist konstitutiv für die experimentelle Prüfung; wesentlich dafür, ob die Ordnung für die Menschen oder die Menschen für die Ordnung da sind. Anderssein, Devianz und Widerstand in die Ordnung einzubringen, bedeutet, die Offenheit des utopischen Experiments zu testen. Lässt uns die Reaktion der Ordnungsinstitution auf den Zweifelnden oder auf die Abweichlerin schaudern, so könnten wir es mit einer Dystopie zu tun haben. In den Dystopien des 20. Jahrhunderts reichen bereits kleinste individuelle Autonomiebestrebungen, um in das Visier des strafenden Staates zu geraten. In Karin Boyes Dystopie »Kallocain« ist bereits der Versuch, sich selbst und anderen Menschen zu vertrauen, sich absichtslos vertrauensvoll zu berühren, ein staatsfeindlicher Akt. Ziel des gesamten Lebens der Einzelnen ist die Produktion von materiellen Gütern und die Aufzucht von weiteren Generationen, die Güter produzieren, um zur Steigerung der militärischen Überlegenheit des totalitären Weltstaats gegen den ebenfalls totalitären Universalstaat beizutragen.[88] Die effiziente Produktion von Gütern und die Steigerung der Güterproduktion dienen nicht mehr der Freiheit von Arbeit; sie dient der Steigerung der Produktion selbst.

88 Vgl. Karin Boye 1940/2018. Kallocain. München, btb.

Und wie ist es heute? Die ökonomische Dystopie ist in der Wirklichkeit angekommen: Die individuellen Lebensentwürfe der reichen Industriestaaten dienen dazu, die Steigerung und das Wachstum von allem zu bedienen, individuell wettbewerbsfähig zu bleiben oder zu werden.[89] Individuell wie kollektiv richtet sich die Begierde darauf, diese Fähigkeit zur Steigerung des Istzustands zu erhalten; doch das utopische Gedankenexperiment ist dabei zu einem traurigen Ende gekommen: In den Dystopien der Vergangenheit wie in der aktuellen Gegenwart sind die individuellen und politischen Autonomiegewinne für einen großen Teil der Weltbevölkerung aufgezehrt: durch eine ökonomisch-politische Ordnung, in der der Erhalt dieser Ordnung über dem guten Leben steht. Auch heute erscheint es einfacher, sich das Ende der Welt vorzustellen als das Ende des Kapitalismus.[90] Nach 1989 wurde offensichtlich, dass die beiden großen gesellschaftsverändernden Strategien des 20. Jahrhunderts, die kommunistischen Revolutionen wie die sozialdemokratischen Projekte einer schrittweisen »Zivilisierung« oder ausgleichen-

89 Vgl. Petra Schaper Rinkel 2010. »Converging Technologies: Das Versprechen von der Steigerung der Leistungsfähigkeit«. In: Ökologisches Wirtschaften (02/2010): 24–26, Hartmut Rosa 2012. Weltbeziehungen im Zeitalter der Beschleunigung. Umrisse einer neuen Gesellschaftskritik. Berlin, Suhrkamp.

90 Frederic Jameson 2003. »Future City«. In: New Left Review (21): 65–80, S: 76.

den Überwindung des Kapitalismus durch staatliche Reformpolitik misslungen sind. Ein Grund dafür ist, was bei den erdachten Staaten der utopischen Gedankenexperimente schnell sichtbar wird und umfassend kritisiert wurde, jedoch in Bezug auf die real existierenden Staaten ebenso zu kritisieren ist: Der moderne Staat ist weder ein neutrales Instrument noch eine leere institutionelle Hülle, die für beliebige Ziele gleichermaßen genutzt werden könnte. Die Entwicklung der Staaten der real existierenden Staatengemeinschaft ist vielmehr von der Dynamik von Wachstum und Konkurrenz angetrieben und stabilisiert diese zugleich mit den zugrunde liegenden Herrschafts- und Unterdrückungsverhältnissen. Die Utopien, die der Herangehensweise der neueren kapitalismuskritischen, ökologischen, feministischen und antirassistischen Bewegungen entsprechen; die versuchen, der Falle der Staatsfixierung zu entgehen und stattdessen Praxis-, Erfahrungs- und Handlungszusammenhänge für eine unmittelbare Veränderung der gesellschaftlichen Verhältnisse zu entwickeln, sind noch nicht geschrieben. Diese Gedankenexperimente stehen vor der schwierigen Aufgabe, dass der Exodus aus dem Staat und aus den traditionellen politischen Institutionen der repräsentativen Demokratie nicht überzeugend ist, wenn sie wie Fourier oder Owen kleine utopische Gemeinschaften entwerfen, die sich dann wundersam schrankenlos ausbreiten sollen. Das verkennt die Wirkungsmächtigkeit und Gewaltförmigkeit der bestehenden staatlichen Institutionen, die die hegemoniale ökonomische Ordnung aufrechterhalten. Die Politiktheoretikerin Chantal Mouffe befürworte demgegenüber die Strategien der »Auseinandersetzung mit« dem Staat, die auf eine »grundlegende Umgestaltung der bestehenden Institutionen abzielen«. Zentral ist dabei die Dimension des Politischen, die zu einer »Pluralisierung der Hegemonien«[91] führen könnte. Marx und Engels hatten im »Kommunistischen Manifest« noch harmonisierend konstatiert: »An die Stelle der alten bürgerlichen Gesellschaft mit ihren Klassen und Klassengegensätzen tritt eine Assoziation, worin die freie Entwicklung eines jeden die Bedingung für die freie Entwicklung aller ist.«[92] Das kann dahin gehend gedeutet werden, dass es eine Welt ohne Politik geben könnte, doch zeigt die Geschichte von Utopien und Dystopien, dass jede Harmoniesucht, die das konflikthafte Terrain des Politischen außer Kraft zu setzen und damit die Dynamik aus Zufälligkeit und Leidenschaft zu verhindern sucht, immer die Freiheit einer offenen Zukünftigkeit beschränkt. Wenn Politik das Ensemble von Praktiken und Institutionen umfasst, dessen Ziel die Organisation der menschlichen Kooperation ist,

91 Chantal Mouffe 2014. Agonistik. Die Welt politisch denken. Berlin, Suhrkamp, S. 18, 13.

92 Karl Marx und Friedrich Engels 1848/1972. »Das Manifest der kommunistischen Partei.« In: MEW (Karl Marx, Friedrich Engels, Werke), Bd. 4: 459–493, S. 482.

dann kann es nicht um die Abschaffung von Konflikt gehen, sondern um die Bedingungen für fortgesetztes soziales Handeln, das sich im Unterschied zum Denken und Herstellen nur mit anderen und in der Welt realisieren lässt.[93] Das emanzipatorische Ideal kann nicht im Sinne einer Verwirklichung einer noch so klugen Utopie festgeschrieben werden; vielmehr machen politische Utopien wie Dystopien die Grenzen jeder Ordnung diskutierbar; sie erfordern damit den Mut der diskursiven Festlegung für den Moment als intellektuelles Abenteuer und können immer nur Übergangsphänomene sein.

Schluss: Vom Experimentieren, vom Können und vom Maßstäbesetzen

Trotz Klimawandels und der sich abzeichnenden Revolution durch die neue Welle von Digitalisierung und Automatisierung steckt die Transformation in Form von politischer, kollektiver politischer Neugestaltung

93 So fasst es Hannah Arendt und setzt gegen das »Unheil«, »das immer automatisch verläuft und daher stets unabwendbar scheint«, die »Gabe, das ›unendlich Unwahrscheinliche‹ zu bewirken und als Wirklichkeit zu konstruieren«: Hannah Arendt 1959/2012. Freiheit und Politik. In: Zwischen Vergangenheit und Zukunft. München, Piper.

der Zukunft noch in frühen Anfängen. Die Zukunft einer Gesellschaft, in der das Wachstumsparadigma überwunden ist, in der in den planetarischen Grenzen zum Wohle aller gewirtschaftet wird, ist blockiert, kaum sichtbar, aber in ersten Ansätzen an vielen Orten politisch in Angriff genommen. In die Utopie der Zukunft sind das Experiment, das Handeln, die Verallgemeinerbarkeit, das menschliche Maß und die Kritik einbezogen. Die Utopie der Zukunft ist offen, denn sie hat das Unerwartete, den Zufall und die Improvisation in die gemeinsame Welt menschlicher Angelegenheiten eingeladen. Dann muss »Identität nicht nur Abwehr von Kontingenz sein«, wie es Isolde Charim fasst, dann bräuchte es nicht die »Herstellung einer absoluten Sicherheit und eines absoluten Fixpunkts«; vielmehr könnte »die Kontingenz-Akzeptanz« die realistischste und die offenste Form der Identitätsbildung werden.[94] Die Utopien der Vergangenheit haben oftmals verdrängt, dass die Erfüllung der Wünsche neues Begehren nach sich zieht. Wenn die Ungerechtigkeit, die Abscheulichkeiten und die Defizite der Vergangenheit in der utopischen Zukunft verschwunden wären, was geschähe danach? Wenn selbst die großzügigsten, die verspieltesten Utopien ein Film wären, müsste nach dem Happy End ihres Erreichens der Abspann folgen, denn: Das Leben in ihnen wäre freundlich, geruhsam

94 Interview mit Isolde Charim.

und emotional wohltemperiert, aber ohne hochfliegendes Begehren, das die bestehende Form sprengen kann. Es wäre das Leben der von Nietzsche so bitterböse charakterisierten »letzten Menschen«, die in maßvoller Langeweile ersticken und ihr bequemes Leben für Glück halten.[95] Vor ihm hat schon Hegel den Gedanken zugespitzt: »Der Mensch stirbt auch aus Gewohnheit«, denn tätig ist der Mensch nur dann, wenn er etwas (noch) nicht erreicht hat und über das hinausgehen will, was schon vorgefunden ist. Denn »ganz im Leben eingewohnt, geistig und physisch stumpf geworden«, gibt es keine Veränderung, dann »verschwindet die Tätigkeit und Lebendigkeit, und die Interesselosigkeit, die alsdann eintritt, ist geistiger oder physischer Tod«.[96] In der heute gespaltenen Gegenwart von Konsumismus und Unsicherheit erscheinen die Anhäufung von Gütern und Optionen und das Versprechen von Sicherheit als wünschenswertes Leben. Nur eben deshalb, weil unbekannt ist, was wir begehren werden, sollte das, was es heute zu begehren lohnt, Teil des Alltags geworden sein, sodass ein neuer ontologischer Horizont entstehen kann.

---

95 Friedrich Nietzsche 1887. Also sprach Zarathustra. Ein Buch für Alle und Keinen. In drei Theilen, Theil 1. Leipzig, Verlag E. W. Fritzsch, S. 16 f.

96 Georg Wilhelm Friedrich Hegel 1833. Grundlinien der Philosophie des Rechts oder Naturrecht und Staatswissenschaft im Grundrisse. Berlin, Duncker & Humblot, S. 2018.

Wenn das utopische Gedankenexperiment das Konkrete der Hoffnung und das Praktische des Optimismus repräsentiert, dann muss die Utopie der Zukunft aus der rasant geschwundenen Überzeugungskraft der traditionellen Utopien eines lernen: Die Wahrnehmung der Begrenzungen und das Begehren nach Überschreitung und Weiterkommen wird es weiterhin geben. Gefangen im Eigentumsdenken und in den Mechanismen der selbstbestimmten Fremdbestimmung, ist es heute nur begrenzt möglich, sich die Utopie in der Utopie vorzustellen. Utopien der Zukunft sind doppelt unbekannte Welten, die sich dem Denken heute noch nicht bieten.[97] Doch nur die aus der Gegenwart entworfene offene Utopie, die provozierende Utopie, die verstörende Utopie bietet einen Resonanzraum für die Zukunft.

Die politischen Utopien des 21. Jahrhunderts können analytisch nicht zurückfallen hinter die Komplexität und Unübersichtlichkeit der beschleunigten soziotechnologischen Globalisierung; sie können konzeptionell die ökologische Begrenztheit des Planeten Erde nicht

97 Die Weiterung der antizipierten Welt charakterisiert der Foresight-Forscher Ilkka Tuomi im Anschluss an Henri Bergson teilweise zutreffend als ontologische Expansion. Vgl. Ilkka Tuomi 2012. »Foresight in an Unpredictable World.« In: Technology Analysis & Strategic Management 24 (8): 735–751. Allerdings bleibt der Begriff der Expansion nah an den technologischen Zukünften, die expansiv im zerstörerischen Sinne sind, indem der ressourcenzehrende Steigerungszwang weitergetrieben wird.

umgehen. Normativ können sie nur dann eine Kraft entwickeln, wenn sie in neuer Form wiederfinden, was ihre intellektuelle Faszination über die Jahrhunderte ausgemacht hat: Freiheit, Gleichheit und menschliche Entwicklung überzeugender im Gedankenexperiment realisieren, als es die zeitgenössischen Gesellschaften vermögen, und experimentell klügere Versuchsanordnungen für die utopischen Entwürfe zu erfinden, als es die vorhergehenden utopischen Experimentalsysteme vermochten. Der zukünftig wirkungsmächtige Realismus braucht heute die utopische Imagination.

Literatur

Elmar Altvater 2017. »Kapitalozän. Der Kapitalismus schreibt Erdgeschichte.« In: Luxemburg (2/3): 108–117.
Hannah Arendt 1959/2012. Freiheit und Politik. In: Zwischen Vergangenheit und Zukunft. München, Piper.
Hannah Arendt 1967/2002. Vita activa oder Vom tätigen Leben. München, Piper.
Hannah Arendt 2012. Zwischen Vergangenheit und Zukunft. Übungen im politischen Denken 1. München, Piper.
Hannah Arendt 2018. Die Freiheit, frei zu sein. München, Deutscher Taschenbuch Verlag.
Francis Bacon 1627. Nova Atlantis. In: Der utopische Staat (2001). K. J. Heinisch. Reinbek, Rowohlt:172–215.
Christoph Bartmann 2016. Die Rückkehr der Diener. Das neue Bürgertum und sein Personal. München, Hanser.
Zygmunt Bauman 2017. Retrotopia. Cambridge, Polity Press.
Matthias Becker 2017. »Industrie 4.0: Die Automatisierung der Ausbeutung.« In: Blätter für deutsche und internationale Politik (10): 101–107.
Ernst Bloch 1980. Abschied von der Utopie? Vorträge. Frankfurt am Main, Suhrkamp.
Karin Boye 1940/2018. Kallocain. München, btb.
Ulrich Brand und Markus Wissen 2017. Imperiale Lebensweise. Zur Ausbeutung von Mensch und Natur im globalen Kapitalismus. München, oekom.
Ernest Callenbach 1981. Wege nach Ökotopia. Berlin, Rotbuch.
Tommaso Campanella 1602. Sonnenstaat. In: Der utopische Staat (2001). K. J. Heinisch. Reinbek, Rowohlt: 111–169.
Margaret Cavendish 1668/2001. Die gleißende Welt. München, Scaneg.
Charles Fourier 1808/1966. Theorie der vier Bewegungen und der allgemeinen Bestimmungen. Frankfurt am Main/Wien, Europäische Verlagsanstalt.
Francis Fukuyama 1992. Das Ende der Geschichte. Wo stehen wir? München, Kindler.

Ian Hacking 1983. Representing and Intervening. Introductory Topics in the Philosophy of Natural Science. Cambridge Cambridgeshire/New York, Cambridge University Press.
Yuval Noah Harari 2017. Homo Deus. Eine Geschichte von Morgen. München, C.H. Beck.
Donna J. Haraway 2018. Unruhig bleiben. Die Verwandtschaft der Arten im Chthuluzän. Frankfurt am Main/New York, Campus.
Georg Wilhelm Friedrich Hegel 1833. Grundlinien der Philosophie des Rechts oder Naturrecht und Staatswissenschaft im Grundrisse. Berlin, Duncker & Humblot.
Yvonne Hofstetter 2016. Das Ende der Demokratie. Wie die künstliche Intelligenz die Politik übernimmt und uns entmündigt. München, Bertelsmann.
Aldous Huxley 1932/1985. Schöne neue Welt. Ein Roman der Zukunft. Frankfurt am Main, S. Fischer.
Eva Illouz 2003. Der Konsum der Romantik. Liebe und die kulturellen Widersprüche des Kapitalismus. Frankfurt am Main/New York, Campus.
Eva Illouz 2009. Die Errettung der modernen Seele. Therapien, Gefühle und die Kultur der Selbsthilfe. Frankfurt am Main, Suhrkamp.
Frederic Jameson 2003. »Future City.« In: New Left Review (21): 65–80.
Fredric Jameson 2004. »The Politics of Utopia.« In: New Left Review (25): 35–54.
Immanuel Kant 1784. Beantwortung der Frage: Was ist Aufklärung? In: Berlinische Monatsschrift (4): 481–494.
Stefan Klein 2010. Der Sinn des Gebens. Warum Selbstlosigkeit in der Evolution siegt und wir mit Egoismus nicht weiterkommen. Frankfurt am Main, S. Fischer.
Reinhart Koselleck 1985. Die Verzeitlichung der Utopie. In: Utopieforschung. W. Voßkamp. Frankfurt am Main, Suhrkamp.
Ray Kurzweil 2016. Die Intelligenz der Evolution. Köln, Kiepenheuer & Witsch.
Ursula LeGuin 1976. Planet der Habenichtse. München, Heyne.
Stephan Lessenich 2016. Neben uns die Sintflut. Die Externalisierungsgesellschaft und ihr Preis. Berlin, Hanser.

Ruth Levitas 2017. »Where there is no vision, the people perish: A utopian ethic for a transformed future.« https://www.cusp.ac.uk/themes/m/m1-5/.
Karl Marx und Friedrich Engels 1846/1969. Die deutsche Ideologie. Kritik der neuesten deutschen Philosophie in ihren Repräsentanten Feuerbach, B. Bauer und Stirner und des deutschen Sozialismus in seinen verschiedenen Propheten. In: MEW (Karl Marx, Friedrich Engels: Werke), Bd. 3.
Karl Marx und Friedrich Engels 1848/1972. »Das Manifest der kommunistischen Partei.« In: MEW, Bd. 4: 459–493.
Karl Marx 1867/1962. »Das Kapital.« In. MEW, Bd. 23.
Louis-Sébastien Mercier 1771/1982. Das Jahr 2440. Ein Traum aller Träume. Frankfurt am Main, Suhrkamp.
William Morris 1900. Kunde von Nirgendwo. Stuttgart, Dietz.
Thomas Morus 1516. Utopia. In: Der utopische Staat (2001). K. J. Heinisch. Reinbek, Rowohlt: 9–110.
Chantal Mouffe 2014. Agonistik. Die Welt politisch denken. Berlin, Suhrkamp.
Friedrich Nietzsche 1887. Also sprach Zarathustra. Ein Buch für Alle und Keinen. In drei Theilen, Theil 1. Leipzig, Verlag E. W. Fritzsch.
Helga Nowotny 1989. Eigenzeit. Entstehung und Strukturierung eines Zeitgefühls. Frankfurt am Main, Suhrkamp.
Orwell, G. (1947). Toward European Unity. Partisan Review, 14(4): 366–351.
Robert Owen 1827. Das Soziale System. In: Das Soziale System. Ausgewählte Schriften (1988). Leipzig: Reclam: 5–76.
Thomas Piketty 2014. Das Kapital im 21. Jahrhundert. München, C.H. Beck.
François Rabelais 1537/2003. Gargantua und Pantagruel. Frankfurt am Main, Insel.
Hans-Jörg Rheinberger 2006. Experimentalsysteme und epistemische Dinge. Frankfurt am Main, Suhrkamp.
Hartmut Rosa 2006. »Wettbewerb als Interaktionsmodus. Kulturelle und sozialstrukturelle Konsequenzen der Konkurrenzgesellschaft.« In: Leviathan (1/2006): 82–104.
Hartmut Rosa 2012. Weltbeziehungen im Zeitalter der Beschleu-

nigung. Umrisse einer neuen Gesellschaftskritik, Berlin, Suhrkamp.
Hartmut Rosa 2016. Resonanz. Eine Soziologie der Weltbeziehung. Berlin, Suhrkamp.
Richard Saage 1999. »Saint-Simons Utopie der Industriegesellschaft.« In: UTOPIE kreativ (102): 76–87.
Richard Saage 2001/2003. Utopische Profile. Münster et al., LIT, 4 Bde.
Henri de Saint-Simon 1957. Ausgewählte Texte. Berlin, Rütten & Loening.
Saskia Sassen 2015. Ausgrenzungen. Brutalität und Komplexität in der globalen Wirtschaft. Frankfurt am Main, S. Fischer.
Petra Schaper Rinkel 2005. »Andere Zukünfte: Politik der Utopien.« In: PROKLA (141): 551–568.
Petra Schaper Rinkel 2010. »Converging Technologies: Das Versprechen von der Steigerung der Leistungsfähigkeit.« In: Ökologisches Wirtschaften (02/2010): 24–26.
Helene Simon 1905. Robert Owen. Sein Leben und seine Bedeutung für die Gegenwart. Jena, Gustav Fischer.
Burrhus Frederic Skinner 1948/1970. Futurum II. Hamburg: Christian Wegner.
Leo Trotskij 1924/1968. Literatur und Revolution. Berlin, gerhardt.
Ilkka Tuomi 2012. »Foresight in an Unpredictable World.« In: Technology Analysis & Strategic Management 24 (8): 735–751.
Amy Webb 2019. The Big Nine. How the Tech Titans and Their Thinking Machines Could Warp Humanity. New York, PublicAffairs.
Matthias Weber und Petra Schaper Rinkel 2018. »Unsere Fähigkeit, sich unser zukünftiges gesellschaftliches Leben vorzustellen, ist begrenzt«. In: Technologie im Gespräch: Künstliche Intelligenz. Jahrbuch zu den Alpbacher Technologiegesprächen 2018. H. Androsch, W. Knoll und A. Plimon. Wien, Holzhausen: 18–35.
Harald Welzer 2019. Alles könnte anders sein. Eine Gesellschaftsutopie für freie Menschen. Frankfurt am Main, S. Fischer.

Erik Olin Wright 2017. Reale Utopien. Wege aus dem Kapitalismus. Berlin, Suhrkamp.

Die Autorin

*Petra Schaper Rinkel i*st Politikwissenschaftlerin und Innovationsforscherin. Seit Oktober 2019 ist sie Professorin für Wissenschafts- und Technikforschung des digitalen Wandels und Vizerektorin für Digitalisierung an der Karl-Franzens-Universität Graz. Forschungsschwerpunkte: Digitalisierung, Zukunftstechnologien und die Praxen des »Zukunft-Machens« – Utopien, partizipative Zukunftsprozesse, Szenarien und Meta-Narrative der Zukunft. Ihre Publikationen und Vorträge verbinden gesellschaftstheoretische Fragen mit Ansätzen der Gestaltung und Gestaltbarkeit von Zukunftstechnologien.